숫자로 보는 한국과 일본

변화와 현재 바로 알기

최형규 지음

한국

일본

땅과 사람
생각보다 큰 일본?
3.8

살림살이
비약하는 한국 정체된 일본
2.7

한일 관계
더 멀어질까 가까워질까?
79:62

정치와 국방
유사한 모습을 보이는 두 나라
8.16:8.15

교육과 과학
경쟁하는 양국
7:8

사회와 문화
다르면서도 비슷한 한일 **5.94:6.04**

제이앤씨
Publishing Company

숫자로 보는 한국과 일본

변화와 현재 바로 알기

초 판 인 쇄 2023년 01월 25일
초 판 발 행 2023년 02월 02일

저   자 최형규
발 행 인 윤석현
발 행 처 제이앤씨
책 임 편 집 최인노
등 록 번 호 제7-220호

우 편 주 소 서울시 도봉구 우이천로 353 성주빌딩
대 표 전 화 02) 992 / 3253
전   송 02) 991 / 1285
홈 페 이 지 http://jncbms.co.kr
전 자 우 편 jncbook@hanmail.net

ISBN 979-11-5917-227-4 93320   정가 17,000원

저자는 2011년 봄 한국은행 금융경제연구원(現 경제연구원)을 퇴직하며 일본 도쿄에 소재한 대학으로 자리를 옮긴 후 현재까지 십여 년 도쿄에서 거주하고 있다. 일본에 체류 중인 저자에게 한일 관계는 때때로 개인적인 생활에도 직간접적으로 영향을 미친다. 따라서 한일 관계 및 일본은 항상 저자의 향후 연구 주제 목록에 올라 있었다. 하지만 이미 진행 중인 연구 프로젝트가 있어 일본에 대한 본격적인 연구를 수행하기에는 어려움이 있었다. 그러나 근래 한일 관계가 심각히 악화되는 상황을 보며 일본 연구에 대한 의욕이 전례없이 커졌으며, 기존의 연구 과제도 얼마 전 종결되어 새로운 연구를 시작할 여유가 생겼다. 나는 드디어 일본 및 한일 관계를 조사할 계획을 세우고 연구에 착수했다.

이 책은 전반적이며 다양한 측면에서 일본의 상황을 검토하고자 기획되었다. 하지만 이 책은 일본 및 한일 관계에 관심이 있는 일반 독자들을 대상으로 하여 총체적 시각에서 일본에 관한 기본적인 주요 정보를 제공하는 대중서를 지향하였다. 따라서 특정 주제에 대한 심도 있는 분석을 제공하는 대신 가능한 다양한 주제를 포괄하고자 노력하였다.

이 책은 크게 두 가지 측면에서 일본을 다룬 기존의 대다수 책자들과 구별된다. 첫째, 이 책에 수록된 일본에 관한 모든 정보는 우리나라와의 비교를 통하여 논의된다. 예를 들어 2021년 일본의 국내총생산 규모를 소개할 경우 약 4조 9천억 달러라는 해당 수치와

3

더불어 이는 동년 약 1조 8천억 달러를 기록한 우리나라 국내총생산의 2.7배 정도의 규모라는 정보가 같이 제공된다. 이러한 한일 양국의 비교는 두 나라의 상대적 위치 파악을 용이하게 하며, 또한 일본에 대한 정보의 직관적 이해에도 도움이 될 것으로 기대된다.

둘째, 여기서 다루는 다양한 주제는 모두 통계 자료를 기반으로 논의되며 이들 통계 자료에 대한 이해를 시각적으로 돕기 위하여 그래프와 표가 다채롭게 사용되었다. 한편 통계 자료와 수록된 그래프 및 표는 가능한 평이한 용어를 이용하여 쉽게 설명하고자 노력하였다.

사실 한국과 일본을 비교하는 책자는 이미 시중에 많이 나와 있다. 하지만 여전히 선입견이나 과거의 기억 또는 지극히 개인적인 경험을 토대로 두 나라를 비교하는 모습이 때때로 보이곤 한다. 이 책에 실린 객관적인 통계 자료에 기반한 설명이 양국에 대한 편견이나 오류를 막고 시정하는데 조금이나마 도움이 되길 기대한다.

어려운 출판계 상황에도 불구하고 본서의 출간을 흔쾌히 승락하여 주신 제이앤씨 출판사의 윤석현 대표님과 편집을 맡아 주신 최인노 과장님께 깊은 감사를 표하며, 추천사를 작성하여 주신 함돈균 작가님과 미치시타 나루시게道下德成 부학장님께도 감사의 말을 전한다. 또한 이 책은 정책연구대학원대学政策研究大学院大学(National Graduate Institute for Policy Studies, GRIPS) 정책연구센터 리서치 프로젝트 P222RP209에 의해 지원되었음을 알린다.

마지막으로 가족 모두, 특히 아내 노리코와 아들 예준이에게 고마움을 전하며 부모님께 감사의 말씀을 드린다.

차례

들어가며

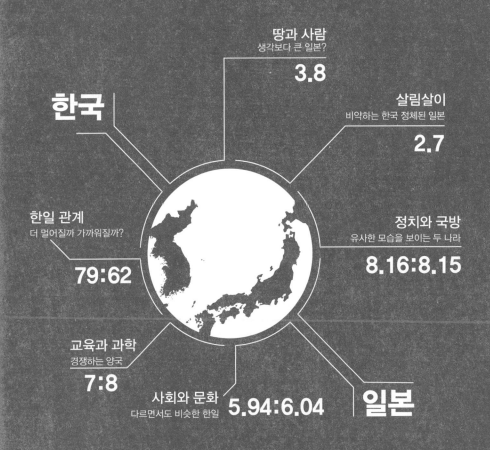

땅과 사람
생각보다 큰 일본?
3.8

살림살이
비약하는 한국 정체된 일본
2.7

한국

정치와 국방
유사한 모습을 보이는 두 나라
8.16:8.15

한일 관계
더 멀어질까 가까워질까?
79:62

교육과 과학
경쟁하는 양국
7:8

사회와 문화
다르면서도 비슷한 한일 **5.94:6.04**

일본

자국을 외국과 비교하기 좋아하는 국민을 꼽으라면 아마도 한국 사람들도 빠지지 않을 것이다. 비교 대상이 되는 나라는 관심 주제에 따라 바뀌겠지만 정치 경제 사회 문화 등 여러 분야를 통틀어 한국인들이 가장 자주 비교하는 국가 중 하나는 일본일 것이다. 이는 일본이 한국 옆에 위치한 이웃 나라라는 것도 하나의 이유이겠지만, 한국과 일본의 역사, 특히 일본의 식민지배 역사 역시 그 주된 배경 중 하나임에 틀림없을 것이다. 1945년 광복 이후 오늘날까지 70년 이상의 세월 동안 대다수 한국인에게 일본은 우리가 이겨야 할 나라였다. 이는 축구와 야구와 같은 운동경기에만 국한되지 않는다. 정치적으로 경제적으로 사회적으로 문화적으로 모든 방면에 걸쳐 일본은 우리가 앞서야 할 대상이었다. 다른 나라에는 져도 일본에게는 질 수 없다는 말을 일상에서 듣는 것은 결코 낯설지 않다.

그렇다면 과연 한국과 일본은 그동안 얼마나 변화하였을까? 우리나라는 1970년대와 1980년대 산업화를 거치며 비약적 경제 성장을 이루었으며 이를 이어 정치적으로도 민주화를 성취하였다. 1997년 한때 소위 'IMFInternational Monetary Fund(국제통화기금) 외환위기'를 겪으며 IMF에 구제금융을 신청하기도 하였지만 그 사 년 후인 2001년도에 모든 IMF 차입금을 조기 상환하였으며, 어느덧 선진국의 대열에 올라섰다. 도시 국가인 싱가포르를 제외하면 제2차 세계대전 이후 개발도상국에서 선진국으로 진입한 국가는 전 세계적으로 한국이 거의 유일한 사례라고 하여도 과장이 아니다. 굳이 유사한 사례를 찾자면 아마도 대만 정도를 들 수 있을 것이다. 더욱이 최근에는 방탄소년단BTS과 같은 K팝K-pop 및 '오징어게임'과 같은 K드라마K-drama를 필두로 문화적 영향력 역시 괄목할 만한 성장을 이루고 있다.

한편 일본은 제2차 대전 패전에도 불구하고 1968년 서독을 제치고 미국에 이은 세계 제2위 경제 대국으로 올라섰으며 1980년대까지 고도성장을 지속하였다. 그러한 일본의 경제개발정책은 이후 한국 및 대만 등 다수의 동아시아 국가가 채택한 동아시아 경제개발모델을 제시하였다. 그러나 1980년대 후반 발생한 거품경제가 1990년대 초 부동산 가격과 주식 가격 급락과 함께 붕괴한 이후 일본 경제는 장기간 침체를 겪고 있으며 아직까지 경기가 회복될 뚜렷한 기미가 보이지 않고 있다. 더욱이 최근 미국이 인플레이션 억제를 위해 금리를 가파르게 올리기 시작하자 엔화 가치가 삼십여 년 만에 최저로 하락하였으며 그에 따라 일본의 구매력도 크게 약화되었다. 이러한 상황에서 일본 내에서도 일본이 선진국 지위를 잃어버릴 것이라는 우려의 목소리가 커지고 있다. 하지만 일본이 비록 2010년 경제 규모에 있어 중국에 추월을 당하긴 하였으나 여전히 세계 제3위 경제 대국의 지위를 유지하고 있는 것 역시 사실이다.

이 책은 이러한 한국과 일본의 지난 기간의 변화와 현재를 지리, 인구, 경제, 정치, 국방, 사회, 문화, 교육, 과학 등 다양한 측면에서 구체적인 통계 자료를 제시하여 비교한다. 하지만 통계 자료를 문장으로만 서술하면 해당 수치의 의미를 정확히 인지하고 느끼는데 다소 어려움이 있을 수 있을 것이다. 따라서 본서에서 다루는 모든 통계 자료는 글에 의한 설명과 더불어 이를 간단히 시각화한 그래프 및 표로도 제시될 것이다. 이러한 그래프와 표는 해당 수치의 의미를 보다 명확하고 간략히 보여 주는데 도움이 될 것으로 기대된다.

책의 구성을 소개하면, 본문은 큰 주제별로 묶인 여섯 개의 장으로 이루어져 있다. 제1장에서는 먼저 한국과 일본의 지리와 인구에 대해 알아본다. 이들 주제는 일견 중고등학교 교과서 내용처럼 보여 지루하게 들릴 수도 있을 것이다. 하지만 한 나라의 지리적 특성과 인구 구조는 그 국가의 정치 경제 사회 문화 전반에 영향을 미치는 구조적 조건의 일부를 형성한다는 점에서 한국과 일본의 지리와 인구에 대한 개괄적 이해를 시작으로 두 나라의 비교를 출발하는 것은 바람직해 보인다.

이를 이어 제2장은 경제 규모 및 소득 등과 같은 경제적 측면을, 제3장은 민주주의 성숙도와 같은 정치 분야 및 군사력 등을 포함하는 국방 분야를 살펴본다. 제4장에서는 결혼 출산 등과 같은 사회적 이슈 및 도서관의 수와 같은 문화생활과 관련한 항목을 비교한다. 제5장은 양국 대학의 세계 순위 등과 같은 교육 문제와 연구개발비 규모 등과 같은 과학 발전과 연계된 분야를 논의한다.

본문의 마지막 장인 제6장에서는 한일 간의 경제 교류 및 상호 관광에 대한 검토와 더불어 두 나라 국민의 상대국에 대한 호감도와 양국 관계의 중요성에 대한 인식을 중심으로 한일 관계의 변화와 현재를 파악한다.

이어지는 맺음말은 이상의 여섯 장의 내용을 간략히 요약하고 그 의미를 살펴보면서 이 책을 마무리한다.

본 책자에 수록된 통계 자료는 저자가 이 책을 집필하고 있는 2022년 가을 시점에서 해당 자료의 출처 기관이 공표한 가장 최신 자료를 포함하고 있다. 하지만 자료에 따라 가장 최근 자료의 년도 는 다소 차이가 있다. 이 책에 표기된 자료 출처 기관은 저자가 해당 자료를 직접적으로 취득한 기관을 지칭하며 이는 해당 자료의 일차 공표 기관인 경우도 있으나 그렇지 않은 경우도 있음을 밝힌 다. 예를 들어 OECDOrganization for Economic Cooperation and Development (경제협력개발기구) 자료를 한국 통계청으로부터 입수한 경우는 자료 출처를 한국 통계청으로 표기하였다.

이 책의 외래어 표기 방식에 대하여 설명하면, 일본어의 경우 지명은 동경이 아니라 도쿄로 표기하듯 모두 일본어 발음을 따른다. 그러나 여타 일본어 단어는 독자들의 이해를 돕기 위하여 해당 단어의 우리나라에서의 일반적인 사용 관례를 고려하여 단어에 따라 일본어 발음 또는 해당 한자의 한국어 발음으로 표기하였다. 영문의 표기 역시 우리나라에서의 사용 관례를 감안하여 단어에 따라 영문(전문 또는 약어) 혹은 국문으로 표기하였으며, 영문 단어가 처음 사용될 때에 한하여 영문과 국문 양자 모두 표기하였다.

아쉽게도 여러 독자들의 관심사임에도 불구하고 이 책에 포함되지 못한 주제들이 상당히 있을 것으로 생각된다. 하지만 이러한 한계는 한편으로 한일 양국을 비교할 수 있는 통계 자료가 제한된 현실에 기인함을 양해하여 주시길 바란다. 이런 한계에도 불구하고 이 책이 한국과 일본 두 나라에 대한 보다 바른 이해를 갖추는데 미력하나마 도움이 되길 기대한다.

제1장

땅과 사람

생각보다 큰 일본?

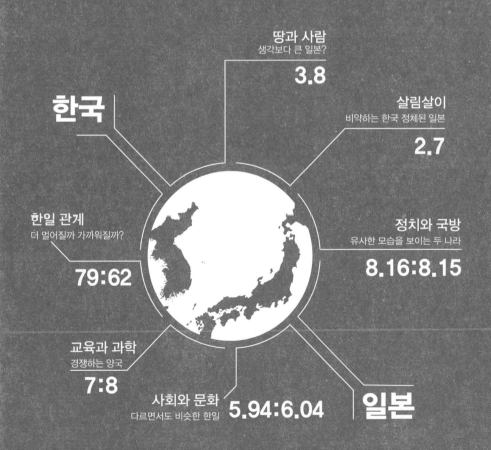

땅과 사람
생각보다 큰 일본?
3.8

살림살이
비약하는 한국 정체된 일본
2.7

한국

한일 관계
더 멀어질까 가까워질까?
79:62

정치와 국방
유사한 모습을 보이는 두 나라
8.16:8.15

교육과 과학
경쟁하는 양국
7:8

사회와 문화
다르면서도 비슷한 한일
5.94:6.04

일본

일본 영토는 한국의 3.8배

일본의 영토 면적은 북한을 제외한 대한민국의 크기인 100,410㎢의 약 3.8배인 377,970㎢이다.

여러 개의 섬이 길게 줄을 지은 모양으로 늘어서 있는 열도列島인 일본은 최북단의 홋카이도北海道, 수도인 도쿄와 일본 제2의 도시인 오사카를 품고 열도 중심에 자리한 혼슈本州, 그 바로 밑에 위치한 시코쿠四国, 그리고 최남단의 규슈九州 등 네 개의 큰 섬을 중심으로 이루어져 있다.

서울에서 부산까지의 거리가 약 325㎞인데 비하여 같은 섬인 혼슈 안에 위치한 도쿄와 오사카 간의 거리만 하여도 구글Google 지도에 따르면 502㎞로 교통 체증 없이도 6시간 이상을 운전해야 두 도시를 차로 여행할 수 있다. 또한 부산에서부터 페리가 운행되는 후쿠오카는 규슈의 최대 도시인데 이곳부터 오사카까지의 거리는 612㎞로 자동차로 거의 8시간이 걸리는 거리이다. 즉 만약 부산에서 페리를 타고 후쿠오카에 도착하여 차로 도쿄까지 여행을 계획한다면 대략 14시간을 차 속에 앉아 있을 각오를 해야 한다.

도쿄부터 겨울에 눈축제가 열리는 홋카이도의 도시인 삿포로까지는 1,151㎞로 운전을 할 경우 17시간 이상이 걸리는 엄청난 거리이다. 게다가 삿포로부터 규슈 최남단에 위치한 도시인 가고시마까지는 무려 2,315㎞ 떨어져 있으며, 만일 열도를 가로지르며 이들 두 도시 간을 차로 여행하고자 한다면 전혀 쉬지 않고 운전하여도 하루 하고도 8시간을 달려야 한다.

사실 도쿄에서 삿포로, 후쿠오카, 가고시마 등을 여행할 경우 가

장 먼저 떠올리는 여행 수단은 일반적으로 비행기이지 자동차가
아니다. 따라서 일본은 국내 항공 여행이 상당히 발달되어 있다. 하
지만 국내선 항공 요금은 결코 저렴하지 않다. 실제로 도쿄와 서울
간 국제선 항공 요금보다 도쿄와 가고시마 또는 도쿄와 삿포로를
잇는 국내선 항공 요금이 비싼 경우가 흔하다.

일본 주요 도시 간 거리 및 자동차 여행 시간

출처: greenblog.co.kr로부터 일본 지도 다운로드 후 저자 작성

한편 국토의 총면적은 한국과 일본 양국 간 차이가 크지만 두 나
라 모두 영토에서 농경지가 차지하는 비중이 협소하다. 우리나라
의 농경지 비중은 16%이며 일본의 농경지 비중은 이보다 약간 더

낮은 12%이다.

영토 면적과 농경지 비중, 2020년

	영토	농경지 비중
한국	100,410㎢	16%
일본	377,970㎢	12%

출처: 한국 통계청

상이한 행정 구역 체계

일본의 행정 구역 체계는 한국과 상당히 다르다. 우리나라의 행정 구역은 현재 1특별시, 6광역시, 1특별자치시, 8도, 1특별자치도로 편제되어 있다. 유일의 특별시는 서울, 6개의 광역시는 부산, 대구, 인천, 광주, 대전, 울산이며 세종이 특별자치시이다. 8도는 경기도, 강원도, 충청북도, 충청남도, 전라북도, 전라남도, 경상북도, 경상남도이고 제주는 특별자치도이다.

반면 일본의 행정 구역 체계는 광역 자치 단체의 경우 도도부현都道府県, 일본어 발음으로는 토都-도우道-후府-켄県으로 구성되며, 하나의 토都 하나의 도우道 두 개의 후府 그리고 우리나라의 도와 유사한 개념의 43개의 켄県으로 이루어져 있다. 토는 수도인 도쿄, 도우는 홋카이도, 후는 제2의 도시인 오사카와 794년부터 1869년까지 일본의 수도였던 교토이며, 43개의 켄은 아오모리, 이와테, 미야기, 아키타, 야마가타, 후쿠시마, 이바라키, 도치기, 군마, 사이타마, 치바, 가나가와, 니가타, 도야마, 이시카와, 후쿠이, 야마나시, 나가

노, 기후, 시즈오카, 아이치, 미에, 시가, 효고, 나라, 와카야마, 돗토리, 시마네, 오카야마, 히로시마, 야마구치, 도코시마, 가가와, 에히메, 고치, 후쿠오카, 사가, 나가사키, 구마모토, 오이타, 미야자키, 가고시마, 오키나와로 구성된다. 이들 켄(현) 중 다수는 동일한 이름의 시를 현청의 소재시로 하고 있다.

수도인 도쿄에 대해 조금 더 살펴보면, 총 25개의 구로만 이루어진 서울과 달리 도쿄도都는 서울의 구와 유사한 개념인 23개의 구(특별구)와 더불어 주로 이들의 서쪽 외곽에 위치한 26개의 시市와 5개의 정町 그리고 8개의 촌村을 포함한다. 일상 대화에서 도쿄라고 할 때는 주로 이상의 23개 구를 일컬으며 이 지역이 일본의 정치 경제 문화의 중추적 거점이다. 서울의 총면적이 약 605㎢인데 비해 도쿄는 23개 구의 면적만 약 628㎢로, 26시 5정 8촌을 포함한 도쿄도의 전체 면적은 약 2,194㎢에 이른다.

유사해진 도시화 비율

전체 인구 중 도시 지역에 거주하는 인구의 비율을 나타내는 도시화율은 2022년 기준 한국이 81% 일본이 92%로 다소 차이가 있다. 하지만 70년 전인 1950년도 당시 한국의 도시화율이 21%에 불과하였다가(동년 일본은 53%) 1992년도에 이르러 그해 미국의 도시화율과 동일한 76%에 도달하였다는 점을 감안하면 한국의 도시화가 매우 급속도로 진행되었음을 알 수 있다.

참고로 2022년 미국, 독일, 영국의 도시화율은 각각 83%, 78%,

84%로 한국의 도시화율은 독일보다 높으며 미국 및 영국과 비슷한 수준이다.

도시화율, 1950~2022년

출처: 한국 통계청

일본 인구는 우리의 2.4배

한국과 일본의 총인구는 2022년 각각 약 5,163만 명과 1억 2,483만 명으로 추산되어 일본이 우리보다 약 2.4배 인구가 많다. 2000년도 당시 한국과 일본의 총인구는 각각 약 4,700만 명과 1억 2,693만 명으로 지난 이십여 년간 한국의 인구는 다소 증가한 반면 일본의 인구는 약간 감소하였다.

그러나 여성 1명이 평생 동안 출산할 것으로 예상되는 평균 총출생아 수를 나타내는 합계출산율은 2000년대 초부터 우리나라가 일본보다 낮아지기 시작하여 2022년도의 경우 한국이 0.9명 일본은 1.3명으로 예측되었다.

한편 특정 연도의 출생자가 앞으로 생존할 것으로 기대되는 평균 생존연수를 일컫는 기대수명은 한일 양국 모두 지난 70여 년간 비약적으로 늘어났으며 특히 한국 국민의 기대수명 증가가 괄목할 만하다. 보다 구체적으로, 1955년 각각 49세와 66세였던 한국과 일본의 기대수명은 2022년 84세와 85세까지 늘어났다. 1955년도의 경우 20년 가까이 차이가 나던 두 나라의 기대수명이 1년 차이로 줄어든 것이다. 한일 모두 여성의 기대수명이 남성보다 높았으며, 2022년 양국 공히 여성의 기대수명이 남성보다 6년 높게 나타났다.

총인구, 합계출산율 및 기대 수명, 2022년

	한국	일본
총인구	5,163만 명	1억 2,483만 명
합계출산율	0.9명	1.3명
기대수명		
전체	84세	85세
남성	81세	82세
여성	87세	88세

출처: 한국 통계청, 일본 총무성 통계국

고령사회 한국, 초고령사회 일본

기대수명의 증가와 더불어 한국과 일본 모두 고령화가 빠르게 진행 중이다. 유엔United Nations(국제연합)은 65세 이상 인구가 전체 인구에서 차지하는 비율이 7% 이상이면 '고령화사회', 14%를 넘으면 '고령사회', 20%를 초과하면 '초고령사회'로 구분한다.

일본은 일찍이 1970년대 초반부터 고령화사회에 진입하였으며 2000년대 후반 초고령사회로 접어들었다. 2022년 전체 인구에서 65세 이상 인구가 차지하는 비율은 무려 30%에 달한다.

일본과 비교하여 고령화 정도가 약하긴 하지만 한국 역시 2010년대 후반부터 고령사회로 들어섰으며 2022년 65세 이상 인구가 총인구의 18%에 이르렀다.

65세 이상 인구 비율, 1960~2022년

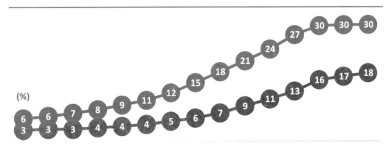

출처: 한국 통계청, 일본 총무성 통계국

한편 14세 이하 인구의 비중은 2022년 한국 11.5% 일본 11.6%로 양국 간 차이가 거의 없다.

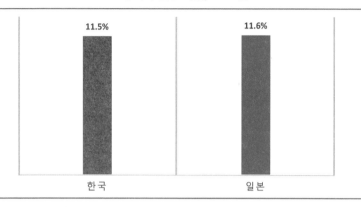

14세 이하 인구 비율, 2022년

11.5%　한국

11.6%　일본

출처: 한국 통계청, 일본 총무성 통계국

서울과 도쿄의 인구

서울과 도쿄의 인구를 살펴보면, 2022년 9월 기준 서울은 약 945만 명, 도쿄는 23구만의 합계는 약 972만 명, 도쿄도 전체는 총 1,404만 명으로 집계되었다.

해당 지역의 인구수를 면적으로 나눈 인구 밀도는 1㎢당 서울 15,621명, 도쿄 23구 14,615명, 도쿄도 전체 6,398명으로, 서울이 도쿄 23구보다 다소 높은 인구 밀도를 보인다.

인구 및 인구 밀도, 2022년 9월

	서울	도쿄 23구	도쿄도 전체
인구	9,450,768명	9,717,216명	14,037,143명
인구 밀도	15,621명	14,615명	6,398명

출처: 한국 통계청, 도쿄도

제2장

살림살이

비약하는 한국 정체된 일본

땅과 사람
생각보다 큰 일본?
3.8

한국

살림살이
비약하는 한국 정체된 일본
2.7

한일 관계
더 멀어질까 가까워질까?
79:62

정치와 국방
유사한 모습을 보이는 두 나라
8.16:8.15

교육과 과학
경쟁하는 양국
7:8

사회와 문화
다르면서도 비슷한 한일   5.94:6.04

일본

반세기 만에 경제 규모 격차는 24배에서 2.7배로 줄어

한 국가의 경제 규모를 측정하는 가장 보편적인 지표는 일정 기간 동안 그 국가에서 생산된 모든 물질적인 재화와 서비스(용역)의 시장 가치를 합산한 GDPgross domestic product(국내총생산)이다. 생산액을 해당 연도의 시장가격으로 평가한 GDP를 명목GDP라 부르며 이는 간단히 말해 아무런 가격 조정 없이 그해의 모든 생산액을 시장 가격 그대로 합산한 지표이다. 신문이나 텔레비전 뉴스 등에서 별도의 부가 설명 없이 GDP를 거론할 때는 주로 이 명목GDP를 가리킨다.

하지만 한 사람이 자국에서 실제로 물건을 구매할 수 있는 능력은 자국의 물가 수준에 영향을 받는다. 소득이 많더라도 물가가 높으면 구매력이 떨어지고 동일한 소득이면 물가가 낮을수록 구매력이 상승하는 것이다. 이러한 각국의 실제 구매력을 반영하여 계산한 GDP를 구매력평가purchasing power parity(PPP) 기준 GDP라 부른다. 따라서 구매력평가 기준 GDP는 명목GDP보다 실제 소득과 생활 수준을 보다 잘 반영한다.

지난 50년 동안 한국 경제는 흔히 말하듯 기적적으로 성장했다. 1970년도 한국과 일본의 명목GDP 규모는 각각 90억 달러와 2,172억 달러로 당시 일본의 경제 규모는 우리의 24배 이상이었다. 하지만 양국의 격차는 이후 급격히 줄어들어 한국이 약 1조 8천억 달러 일본이 약 4조 9천억 달러를 기록한 2021년도에는 두 국가의 차이가 2.7배 가량으로 축소되었다.

실제 구매력이 반영된 구매력평가 기준 GDP의 경우는 한일 양국의 격차가 더욱 좁혀져 1970년 18배 이상이었던 두 나라의 차이가 2021년도에는 약 2.2배로 줄어 들었다.

GDP, 1970~2021년

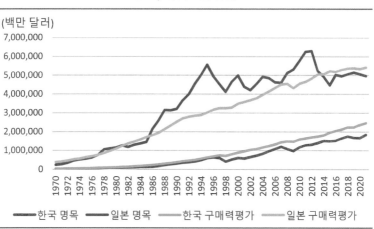

출처: 한국은행

이러한 한일 경제 규모의 차이의 급속한 감소는 한국의 경제성장률이 1970년대 초반부터 일본의 경제성장률을 크게 앞지른 결과이다. 구체적으로, 양국의 평균 연간 경제성장률은 1970년대 한국 10.5% 일본 4.5%, 1980년대 한국 8.9% 일본 4.3%, 1990년대 한국 7.3% 일본 1.5%, 2000년대 한국 4.9% 일본 0.5%를 기록하였다.

하지만 최근 한국의 경제성장률 하락으로 인하여 두 나라 간 경제성장률 격차는 줄어들고 있는데, 2010년대 한국의 연평균 경제성장률은 3.3%로 일본의 1.3%보다 높긴 하지만 양국 간 차이는 2%로 좁혀졌다. 2021년 두 국가의 경제성장률은 한국이 4% 일본은 1.6%였다.

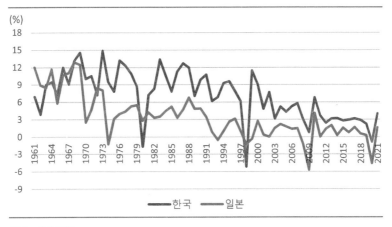

경제성장률, 1961~2021년

출처: 세계은행

개인의 실제 구매력은 한국이 일본을 추월

한 국가의 GDP를 전체 인구수로 나누면 국민 한 사람이 평균적으로 생산한 재화와 서비스의 가치를 계산할 수 있다. 이를 측정하는 지표가 '1인당 GDP'이며 이는 국민의 평균적인 소득을 보여주며 따라서 그 국가의 경제 수준을 알려주는 척도 중 하나이다.

1970년 한국의 명목 1인당 GDP는 279달러로 당시 2,090달러였던 일본의 13% 정도의 수준에 불과하였다. 그러나 2021년에는 34,998달러를 달성하여 동년 39,341달러였던 일본의 90%에 근접하였다.

더욱이 두 나라의 물가 차이를 반영하여 계산한 구매력평가 기준 1인당 GDP는 2018년부터 한국이 일본을 앞질러 2021년 한국

46,919달러, 일본 42,940달러를 기록하였다. 이는 우리나라 개인의 평균 실제 소득 수준이 일본을 앞서 나가게 되었음을 의미한다.

1인당 GDP, 1970~2021년

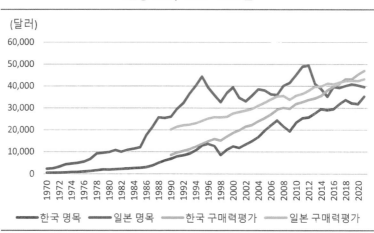

출처: 한국은행, 세계은행

급감한 물가 차이

한편 한일 양국 간 물가 수준의 차이는 지난 수십 년간 지속적으로 감소하였다. 1999년도까지만 하여도 일본의 물가는 한국의 2.8배 수준이었다. 그러나 그 후 두 나라의 물가 차이는 점차 줄어들어 2017년도에 이르러 양국의 물가 수준이 거의 동일하게 되었다. 그 다음 해인 2018년도부터 다시 일본의 물가가 다소 높은 수준을 보이고 있으나 양국 간 격차는 2021년도의 경우 1.2배에 머물렀다.

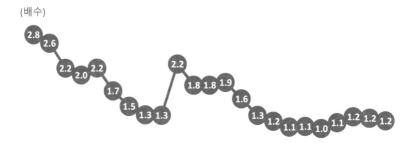

한국 대비 일본 물가 수준, 1999~2021년

(배수)

2.8 2.6 2.2 2.0 2.2 1.7 1.5 1.3 1.3 2.2 1.8 1.8 1.9 1.6 1.3 1.2 1.1 1.1 1.0 1.1 1.2 1.2 1.2

1999 2000 2001 2002 2003 2004 2005 2006 2007 2008 2009 2010 2011 2012 2013 2014 2015 2016 2017 2018 2019 2020 2021

출처: 한국 통계청

무역의존도는 한국이 2배 이상

일반적으로 한국과 일본 양국 모두 수출로 먹고 산다고 알려져 있다. 하지만 GDP에 비한 무역의 규모, 즉 무역의존도는 두 나라 사이에 꽤나 큰 차이가 있다.

우리나라의 경우 수출과 수입의 GDP 대비 비율은 지난 1960년도 이래 오랜 기간 상승 추세를 보이며 수출은 2012년 54%로 최고점, 수입은 그 전해인 2011년 52%로 최고치에 도달하였다. 그 후이들 비율은 하락 추세를 보이고 있지만 2021년 GDP 대비 수출과 수입의 비율은 각각 42%와 38%로 여전히 상당한 수준이다.

반면 일본은 GDP 대비 수출과 수입 비율이 20%를 상회한 적이 거의 없으며, 2020년 수출과 수입 비율 모두 GDP의 약 16%에 머물렀다.

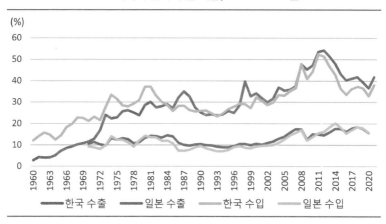

GDP 대비 수출과 수입 비율, 1960~2021년

출처: 세계은행
주: 일본은 2020년도 자료까지 수록

한국의 무역의존도가 일본보다 2배 이상 높은 것이다. 이러한 양국 경제 구조의 차이는 부분적으로 앞서 살펴본 양국의 인구 차이 및 그에 따른 국내 시장 규모와 관련이 있다.

상품 수출 흑자가 커지는 한국, 줄어드는 일본

또한 상품의 수출액과 수입액의 차액인 상품수지의 변화 추이에 있어서도 한국과 일본은 상당히 다른 모습을 보인다.

한국은 1970년대 중반 이후 외환위기가 발발한 1997년도까지의 기간 동안 1980년대 후반 3저 호황기와 1993년 한 해를 제외하고는 매년 상품수지에서 적자를 기록하였다. 그러나 1998년부터 상품수지가 흑자로 전환되어 2010년대 중반까지 흑자 규모가 크게 증가하였다. 코로나19COVID-19 사태 발발 이전 2018년 한국의 상품 수출 흑자액은 약 1,101억 달러에 이르렀다.

이와 달리 일본은 1990년대 후반부터 2000년대를 걸쳐 최저 553억 달러부터 최대 1,333억 달러에 달하였던 상품 수출 흑자 규모가 2011년도부터 급감하면서 동년부터 2015년도까지는 적자를 기록하였으며, 2014년도에는 적자 규모가 거의 1,000억 달러까지 치솟았다. 2016년도부터 상품수지가 다시 흑자로 돌아섰지만 2021년 그 규모는 159억 달러로 동년 우리나라 흑자 규모인 762억 달러의 약 21% 수준에 머물렀다.

상품수지, 1976~2021년

출처: 한국은행

경상수지 흑자액은 일본이 우위

한편 상품의 수출입뿐만 아니라 서비스의 수출입, 해외보유 자산으로부터 발생하는 배당 및 이자 수입 그리고 그와 반대로 외국 부채에 대하여 지불하는 배당 및 이자 지급, 해외로부터의 송금과 무상 원조 등 외국과의 거래에 따른 모든 수입과 지출을 종합적으로 기록한 내역을 경상수지라 한다. 이러한 경상수지 규모에서도 한국과 일본은 큰 차이가 있다.

우리나라는 지난 20여 년간 거의 매년 경상수지 흑자액이 상품수지 흑자액보다 적었다. 일례로 2020년도의 경우 상품수지 흑자액은 806억 달러인데 비해 경상수지 흑자액은 그보다 낮은 759억 달러였다. 하지만 경상수지가 883억 달러 흑자 상품수지가 762억 달러 흑자를 기록한 2021년의 경우는 경상수지 흑자 규모가 상품수지 흑자 규모를 초과하였다.

한국의 경상수지와 상품수지의 관계와 대조적으로 최근 일본은 경상수지 수입이 상품 수출 수입을 압도하고 있다. 예를 들어, 앞서 언급하였듯 2014년 일본은 거의 1,000억 달러 규모의 상품 무역 적자를 기록했지만 동년 전체적인 경상수지에서는 364억 달러의 흑자를 달성하였다. 이러한 현상은 일본의 해외 보유 자산으로부터 발생하는 투자 소득에 주로 기인한다.

1990년대 후반부터 2021년도까지의 기간 중 2013년과 2014년 단 두 해를 제외하고는 일본의 경상수지 흑자액이 한국의 경상수지 흑자액을 줄곧 능가하고 있으며, 2006년도의 경우 그 액수의 차이가 무려 83배에 달하였다. 하지만 그 후 한국의 경상수지 흑자액이 증가함에 따라 2021년도에는 양국 경상수지 흑자액의 차이가 2배 정도로 감소하였다.

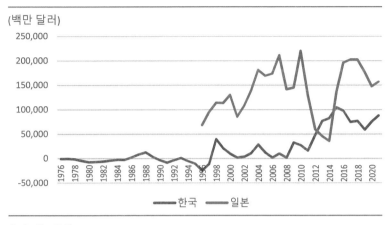

경상수지, 1976~2021년

(백만 달러)

출처: 한국은행

외환보유액은 일본이 3배

외환보유액은 중앙은행이나 정부가 외환시장 안정 또는 국제수지 불균형을 보전하기 위하여 언제든지 사용할 수 있도록 보유하고 있는 외화자금으로 최종적인 대외지급준비자산이다. 한 국가의 경상수지는 그 나라가 외국과의 전반적인 거래에서 거둔 흑자 또는 적자 규모를 나타내므로 장기간에 걸친 경상수지 결과는 그 국가의 외환보유액 규모에 중대한 영향을 미친다.

우리나라가 IMF로부터 구제금융 지원을 받았던 1997년도 외환위기는 외국에 지불해야 되는 외환이 부족하여 발생된 금융위기였기에 외환위기라고 불리는 것이다. 당시 우리나라는 외국에 대한 대외 채무가 총 1,500억 달러를 넘었으며 그 중 절반 정도가 계약만기 1년 이하의 채무인 단기 채무인 반면, 외환보유액 규모가 40억 달러에도 미치지 못하는 규모까지 추락한 상태였다. 따라서 대외 채무를 지불하지 못하는 상황인 국가 부도에 빠지지 않기 위하여는 해외로부터 자금을 빌려야만 하는 상황이었다. 결국 IMF에 구제금융을 신청, 12월 IMF로부터 210억 달러 지원을 승인 받았다. 이와 더불어 세계은행World Bank과 아시아개발은행Asian Development Bank(ADB)으로부터 각각 100억 달러와 40억 달러를 지원받았으며, 미국, 일본, 독일, 프랑스, 영국, 캐나다, 호주 등 7개국으로부터도 200억 달러를 추가로 지원받았다. 이로써 간신히 국가 부도 사태를 면할 수 있었으나 구제금융 조건에 따른 가혹한 경제 구조 조정을 거쳐야만 하였다.

그 후 우리나라는 앞서 살펴 보았듯이 경상수지 흑자를 기록하기 시작하였고 정부 당국도 제2의 외환위기를 방지하기 위하여 외환보유액 적립에 힘쓴 결과 그 규모가 2021년 4,631억 달러에 달하며 세계 9위 수준을 기록하였다.

한편 장기간 경상수지를 흑자를 누렸던 일본은 2006년 중국에 추월 당할 때까지 세계 최대 외환보유국이었다. 비록 중국의 급속한 외환보유액의 증가에 의해 2위로 밀렸지만 일본의 외환보유액 역시 동아시아 외환위기 이후 2011년도까지 급격히 늘어났으며, 2022년 8월 한국 외환보유액 4,364억 달러의 거의 3배 규모인 1조 2,921억 달러를 유지하였다.

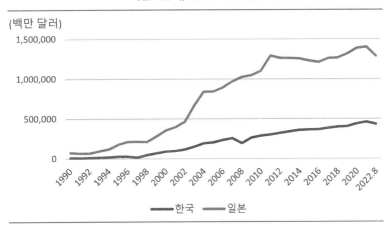

외환보유액, 1990~2022년

(백만 달러)

출처: 한국은행, IMF

해외직접투자액은 일본이 많아

해외직접투자foreign direct investment(FDI)는 일반적으로 기업이나 투자자가 장기적인 시각에서 해외 기업에 출자하고 경영권을 확보하여 직접 경영하거나 경영에 참여하는 형태의 해외투자를 일컫는다. 주요 유형으로는 해외 현지법인 설립, 기존 해외 기업에의 자본 참가, 부동산 매입, 지점 설치 등이 있다. 해외직접투자의 득과 실에 대한 학계의 논쟁이 종결되지 않았으나, 현재 대다수의 국가는 자국 경제 성장에 해외직접투자 유치가 도움이 된다는 인식 하에 해외직접투자를 유치하는 정책을 일반적으로 펼치고 있다.

한국과 일본이 외국에 투자하는 해외직접투자액 규모는 상당한 차이를 보인다. 2021년 일본의 해외직접투자액은 1,468억 달러로 동년 608억 달러를 기록한 한국의 2.4배 가량의 규모였다.

한편 국내로 유입되는 해외직접투자, 즉 외국인직접투자의 규모는 2005년도 이래 한국과 일본이 엎치락뒤치락 하는 추세로, 2021년 기준 우리나라는 168억 달러 일본은 247억 달러 규모의 외국인직접투자를 유치하였다.

해외직접투자액, 2005~2021년

출처: 한국 통계청

GDP 대비 정부 부채 규모는 일본이 4배 이상

GDP 대비 정부의 총부채 규모는 경제의 건전성을 보여 주는 주요 지표 중 하나이자 정부 재정의 지속 가능성을 결정하는 핵심 요인 중 하나이다.

일본의 거품경제가 붕괴한 1990년대 초 이래 일본 정부의 부채는 지속적으로 증가하여 2000년 GDP 대비 141%, 2010년 204%, 2021년 260%까지 상승하였다. 이는 세계 최대 수준이다.

한국 정부 부채 규모는 일본과 비교해서는 현저히 낮지만 우리 정부 부채 역시 지속적으로 증가하고 있는 추세로 2008년 GDP 대비 38%였던 정부 총부채 규모는 2020년 59%로 늘어났다.

참고로 이른바 '선진국 클럽'으로 불리는 OECD 38개 회원국들의 2020년 GDP 대비 정부 부채 비율 평균은 95%였다.

GDP 대비 정부 총부채 비율, 1995~2021년

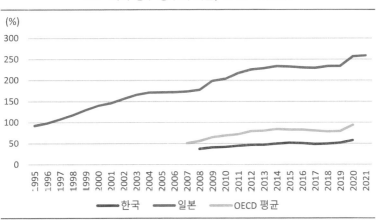

출처: OECD
주: 한국과 OECD 평균은 2020년도 자료까지 수록

세금 부담은 일본이 다소 높아

국민이 1년간 납부한 각종 조세와 국민연금 등 사회보장성 기금을 합한 총액이 GDP에서 차지하는 비율을 국민부담률이라 한다.

다시 말해 국민부담률은 GDP 대비 국민이 부담하는 총세금의 비율을 보여주는 지표이다.

한일 양국의 국민부담률은 지난 50여 년간 공히 상승하고 있는 가운데 전반적으로 일본이 조금 더 높은 수치를 보인다. 구체적으로, 1965년 17%였던 일본의 국민부담률은 2019년 31%를 기록한 데 비해 1972년 12%였던 한국의 국민부담률은 2020년 28%를 보였다. OECD 회원국 평균은 2020년 34%로 한일 두 나라 모두 OECD 평균보다 낮은 수준이다.

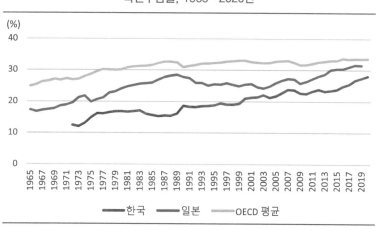

국민부담율, 1965~2020년

출처: OECD
주: 일본은 2019년도 자료까지 수록

전체 조세 중 개인소득에 대한 세금, 즉 소득세가 차지하는 비중은 한국의 경우 1972년 12%에서 2020년 19%로 증가한 반면 일본은 1965년 22%에서 2019년 19%로 하락하여 한국과 유사한 수준을 보였다. 2019년 OECD 평균은 24%였다.

전체 조세 중 소득세 비중, 1965~2020년

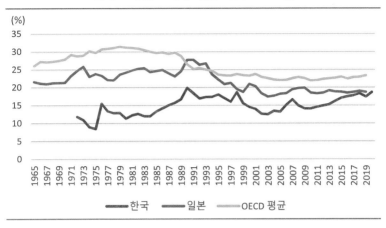

출처: OECD
주: 일본과 OECD 평균은 2019년도 자료까지 수록

　기업 소득에 부과되는 세금인 법인세가 전체 조세에서 차지하는
비중의 변화도 2010년대 말까지는 위에서 살펴본 소득세 비중의
변화 추이와 유사하게 한국은 상승세를 일본은 하락세를 전반적으
로 보여 주었다. 보다 구체적으로, 한국의 법인세 비중은 1972년
11%에서 2019년 16%까지 상승한 반면, 일본은 1965년 22%였던
법인세 비중이 2019년 12%로 낮아졌다. 하지만 2020년도 들어 한
국의 법인세 비중도 12%로 하락하였다. 한편 2019년 OECD 회원
국 평균은 10%이다.

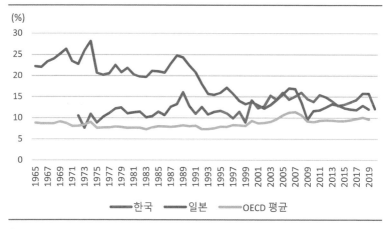

전체 조세 중 법인세 비중, 1965~2020년

범례: ━━ 한국 ━━ 일본 ━━ OECD 평균

출처: OECD
주: 일본과 OECD 평균은 2019년도 자료까지 수록

취업자 비율은 일본이 높음

얼마나 많은 사람들이 실제로 취업하고 있는지를 간명하게 보여
주는 지표 중 하나는 고용률로, 이는 15~64세 사이의 생산가능인
구(일할 능력을 갖춘 인구) 중 취업자의 비율을 나타낸다.

한국과 일본의 고용률은 전체 인구, 남성, 여성 세 범주 모두에서
일본이 한국보다 상당히 높은 수치를 보이는데, 이를 조금 더 자세
히 알아보면 다음과 같다.

2000년 62%였던 한국의 전체 인구 고용률은 그 후 20년을 거치
며 다소 올라 2021년도에 67%를 기록하였으며, 동 기간 한국 남성
과 한국 여성의 고용률은 각각 73%에서 75%로 50%에서 58%로
상승하였다.

같은 시기 일본의 전체 인구 고용률은 69%에서 78%로 증가하였다. 이는 동 기간 일본 남성의 고용률은 81%에서 84%로 3% 늘어난데 비해 여성의 고용률이 57%에서 72%로 무려 15%나 증가한 현상에 주로 기인하다.

고용률, 2000~2021년

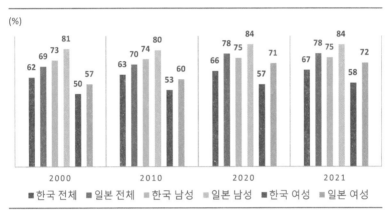

출처: 한국 통계청

한편 실업률은 실업자를 전체 경제활동인구(취직하여 일을 하고 있는 취업자와 일자리가 없어 구직활동을 하는 실업자의 합)로 나누어 산정된다. 다시 말해 실업률은 일할 의지가 있지만 일자리를 구하지 못한 인구의 비율을 나타내며, 고용률과 실업률의 산출 방식의 차이로 인하여 고용률과 실업률의 합이 100%라는 등식은 성립하지 않는다.

한국의 실업률은 2021년도의 경우 3.7%를 기록하여 동년 2.8%를 보인 일본의 실업률보다 높은 수치를 보였다. 한국 남성 3.6%, 일본 남성 3.1%, 한국 여성 3.8%, 일본 여성 2.5%로 남녀 모두 한국의 실업률이 일본보다 높게 나타났다.

실업률, 2000~2021년

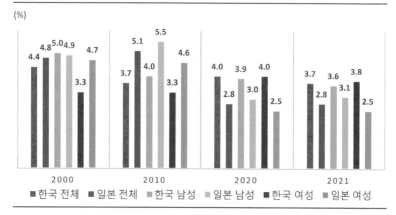

출처: 한국 통계청

젊은 세대인 15~24세 인구의 실업률은 우리나라의 경우 2000년부터 2020년까지의 기간 중에는 약 10% 수준에서 큰 변화가 없었으나 2022년 7%로 하락하였다. 한편 일본은 2000년과 2010년 각각 9.2%와 9.4%를 기록했던 수치가 2020년 4.6%로 떨어졌으며 2022년에는 3.9%까지 내려갔다.

두 나라 모두 15~24세 인구 중 여성의 실업률이 남성의 실업률보다 다소 낮았으며 양국의 남녀 간 실업률 격차가 큰 차이를 보이지는 않았다. 2022년도의 경우 동 연령대 실업률은 한국 남성 8% 한국 여성 6.2%, 일본 남성 4.2% 일본 여성 3.6%였다.

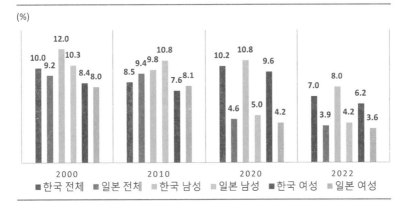

출처: 한국 통계청

파트타임 근로자의 비중도 일본이 높아

앞서 살펴본 바와 같이 일본이 한국보다 고용률은 높고 실업률이 낮긴 하다. 하지만 통상 주업에서 주당 30시간 미만을 근무하는 근로자를 일컫는 파트타임 근로자의 비중 역시 일본이 높은 수치를 보인다. 2021년 한국과 일본의 파트타임 근로자 비중은 각각 16%와 26%로 일본이 한국보다 약 1.6배 가량 컸다. 동년 OECD 평균은 17%로 한국은 이보다 1% 낮은 반면 일본은 9%나 높았다.

그러나 파트타임 근로자의 비중은 한국과 일본 양국 모두에서 지속적으로 증가하는 추세이다. 한국의 파트타임 근로자 비중은 1990년 5%에 불과하였으나 2000년 7%, 2010년 11%로 증가하였다. 일본은 1990년 14%에서 2000년 16%, 2010년 20%로 올라섰다. 양국의 파트타임 근로자 비율 증가세는 OECD 회원국 평균보다 높았으며, OECD 평균은 2010년 이후로 거의 동일한 수준에 머물고 있다.

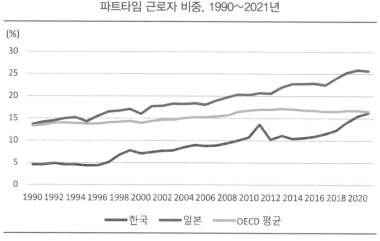

파트타임 근로자 비중, 1990~2021년

한편 한일 두 나라 공히 여성의 파트타임 취업률 증가가 남성의 파트타임 취업률 증가보다 크게 나타났다. 특히 일본의 경우 이러한 현상이 더욱 두드러진다. 좀 더 자세히 살펴보면, 1990년도 당시 한국의 전체 고용 중 파트타임 취업자의 비율은 남성 3% 여성 7%로 남녀 간 차이가 4%였으나 2021년도의 경우 남성은 11% 여성은 23%를 기록하여 남녀 간 차가 12%로 증가하였다. 이 수치는 동년 OECD 평균인 14%보다는 약간 낮은 수치이다.

한편 일본의 1990년도 파트타임 취업률은 남성 6% 여성 25%로 당시부터 여성 취업자의 파트타임 비중이 상당히 높아 남녀 간 차이가 19%에 달하였다. 남성 파트타임 취업률이 15% 여성 파트타임 취업률이 39%를 보인 2021년도에는 남녀 간 격차가 더 벌어져 그 차이가 24%에 이르렀다.

남녀별 파트타임 취업률, 1990~2021년

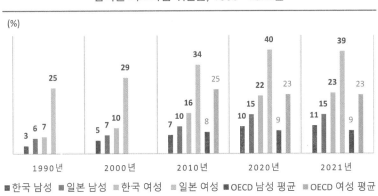

출처: OECD

임시직 고용은 한국이 높아

반면 임시직 또는 기간제 고용 비율은 남녀 모두 한국이 일본보다 상당히 높은 반면 남녀 간 차이는 일본이 한국보다 크게 나타났다. 2021년 일본 남성과 여성의 동 비율은 각각 11%와 21%를 기록, 여성의 비율이 남성보다 10% 높았다. 같은 해 우리나라의 동 비율은 남성 25% 여성 32%로 일본보다 남성은 14% 여성은 11% 높은 수치를 보였으며, 남녀 간 차이는 7%로 일본보다 3% 낮았다.

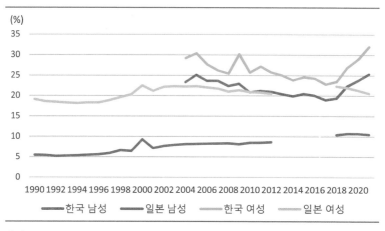

남녀별 임시직 또는 기간제 고용 비율, 1990~2021년

출처: OECD
주: 2013~2017년도 일본 자료 부재

노동생산성은 일본이 약간 높아

근로자 한 명이 1시간 동안 생산하는 재화 및 서비스의 부가가치를 시간당 노동생산성이라 하며 이는 1인당 GDP를 총노동시간으로 나누어 측정한다. 1990년대 말 이후 우리나라와 일본의 시간당 노동생산성은 양국 간 차이가 줄어들고 있지만 아직 일본이 약간 높은 수준이다. 2021년도의 경우 한국은 약 43달러, 일본은 약 47달러를 기록하였다.

하지만 이들 두 수치 모두 같은 해 OECD 평균인 54달러보다 낮다. 참고로 같은 해 미국, 독일, 영국의 시간당 노동생산성은 각각 75달러, 68달러, 61달러이며 OECD 국가들 중 1위를 기록한 아일랜드는 약 128달러로 우리나라의 거의 3배에 달한다. 우리나라의 이러한 저조한 노동생산성은 야근 문화 등 뒤이어 살펴볼 긴 노동시간이 영향을 미쳤을 것으로 여겨진다.

시간당 노동생산성, 1970~2021년

출처: OECD

일은 더 많이 하는 한국

한 국가의 근로자 한 명이 1년 동안 평균적으로 일한 실제 시간은 그 나라 근로자들의 연간 총근로시간을 그해 평균 취업자 수로 나누어 계산할 수 있다.

이렇게 계산된 우리나라 근로자의 연평균 근로시간은 상당히 빠른 속도로 줄어드는 추세를 보이고 있다. 2008년 우리나라 근로자 한 명이 일한 시간은 2,228시간이었지만 2021년도에는 1,915시간을 기록하여 13년간 313시간이 감소하였다.

하지만 일본과 비교하면 비록 양국의 격차가 좁혀지고 있긴 하지만 2021년 일본 근로자 평균 근로시간은 1,607시간으로 우리나라 근로자가 여전히 308시간 가량 더 많이 일하는 것으로 파악되었다. 하루 8시간 근무한다고 가정하면 우리나라 근로자가 일본 근로자보다 약 한 달하고도 9일 정도 더 일한다고 볼 수 있는 것이다.

OECD 회원국 평균은 1,716시간으로 일본은 이보다 다소 낮고 우리나라는 이에 비해 상당히 높은 편이라 할 수 있다.

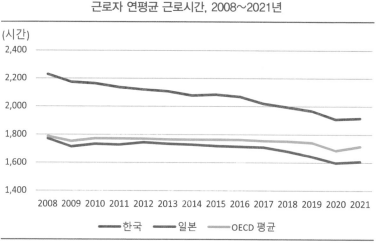

근로자 연평균 근로시간, 2008~2021년

출처: 한국 통계청

제조업 근로자의 근로시간 역시 한국이 일본보다 길지만 그 차이는 감소하고 있는 추세이다. 2012년의 경우 우리나라와 일본 근로자는 일주일에 평균적으로 각각 47시간과 43시간을 근무하여 한국 근로자가 4시간 더 일하였으나, 2021년 한국은 41시간으로 2020년 일본은 40시간으로 근무시간이 하락하였다.

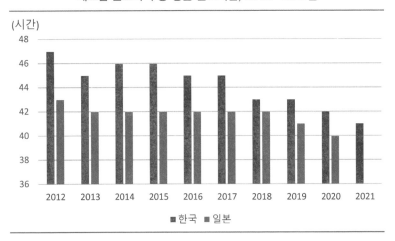

제조업 근로자 주당 평균 근로시간, 2012~2021년

(시간)

■한국 ■일본

출처: 한국 통계청
주: 일본은 2020년도 자료까지 수록

임금은 한국이 일본을 역전

한 나라의 평균 임금은 그 국가의 전체 임금을 종업원 총수로 나눈 후 그 값에 전체 종업원의 평균 주낭 근로시간 대비 정규직 종업원 한 명당 평균 주당 근로시간 비율을 곱하여 계산한다.

1990년 한국의 평균 임금은 22,059달러로 당시 37,370달러였던 일본과 38,034달러였던 OECD 회원국 평균 임금의 60% 정도 수준이었다. 하지만 그 후 일본은 임금의 변화가 거의 없었던 반면 한국의 임금은 빠르게 상승하여 2015년부터 한국의 임금 수준이 일본을 넘어서게 되었다. 2021년 한국의 평균 임금과 일본의 평균 임금은 각각 42,747달러와 39,711달러로 한국이 3,036달러 높았다.

그러나 이러한 우리나라 평균 임금은 그해 OECD 회원국 평균 임금인 51,607달러보다는 8,860달러 낮았다.

평균 임금, 1990~2021년

출처: OECD

한편 제조업으로 범위를 한정하면, 근래 한국 제조업 종업원의 월평균 임금은 상승세를 보이는 반면 일본은 하락세를 보이고 있다. 보다 자세히, 2009년 제조업 종업원의 월평균 임금은 한국 2,092달러, 일본 3,071달러로 일본이 약 1.5배 가량 높았으나 2014년 한국이 3,338달러 일본이 2,750달러를 기록하며 이 때부터 우리나라가 일본을 앞서기 시작하였다. 그 후 지속적으로 한국이 일본보다 높은 임금 수준을 유지하고 있으며 2020년도의 경우 한국과 일본 각각 3,313달러와 2,794달러를 기록, 우리나라 제조업 임금이 일본보다 약 1.2배 높았다.

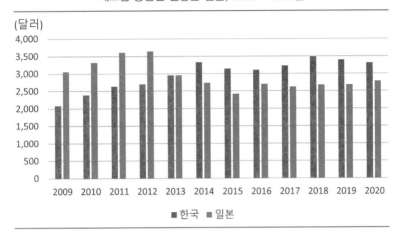

제조업 종업원 월평균 임금, 2009~2020년

(달러)

한국 일본

출처: 한국 통계청

남녀 임금 격차는 양국 모두 감소

남성과 여성의 임금은 한국과 일본 두 나라 공히 아직까지 상당한 차이가 있지만 양국 모두에서 그 격차가 점차 줄어들고 있다.

좀 더 구체적으로 제조업을 중심으로 살펴보면, 남성 임금을 100으로 하였을 때 여성의 임금 수준은 1994년 한국은 53, 일본은 55로 두 나라 모두 남성의 절반 수준에 불과하였다. 하지만 여성 임금 수준은 한일 양국 모두에서 꾸준히 상승하여 2020년도에는 한국과 일본 여성 임금이 각각 남성 임금의 68%와 69% 수준까지 올라갔다.

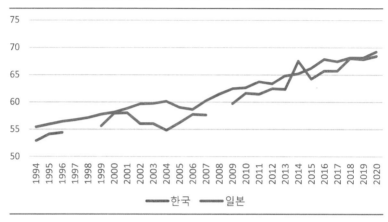

제조업 남녀 임금 격차, 남자=100, 1994~2020년

━━한국 ━━일본

출처: 한국 통계청
주: 1997, 1998, 2008년도 한국 자료 부재

노동비용은 거의 유사

상품 한 단위를 만드는데 필요한 인건비를 단위노동비용이라 하
는데, 이는 시간당 급여를 노동생산성, 즉 시간당 산출량으로 나누
어 계산한다. 따라서 인건비가 증가하면 단위노동비용이 증가하고
노동생산성이 증가하면 반대로 단위노동비용이 감소한다. 한 국가
의 단위노동비용 상승은 그 나라의 임금 상승률이 노동생산성의
증가율보다 높다는 의미이며 따라서 자국 제품의 국제 가격경쟁력
의 하락을 뜻한다.

1995년부터 2021년까지의 기간 동안 우리나라의 단위노동비용은
대체로 상승하였다. 이와 달리 일본의 단위노동비용은 1995년부터
2010년대 중반까지 하락하였다가 2010년대 후반에는 다소 오르는

모습을 보였다. 2010년도 당시의 단위노동비용을 100이라 하였을 때 2021년도 한국과 일본의 단위노동비용은 각각 107과 110을 기록하였다. 이들 두 수치는 동년 OECD 회원국 평균인 115보다 낮다.

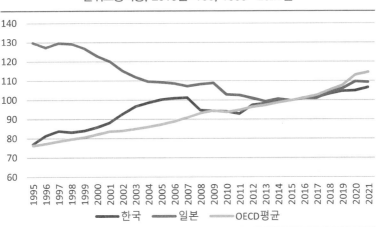

단위노동비용, 2015년=100, 1995~2021년

출처: 한국 통계청

노동쟁의는 한국이 다소 많아

모든 유형의 파업과 공장 폐쇄 등을 포함하는 노동쟁의 발생 건수를 알아보면, 1990년대 초반과 중반에는 일본이 그리고 그 이후부터는 한국이 보다 높은 수치를 보였다.

좀 더 구체적으로, 1990년대 초중반의 경우 대체로 일본보다 낮은 수준을 보이며 하락하던 한국의 노동쟁의 발생 건수는 1990년대 말부터 급격히 상승하여 2004년에는 462건이 보고되었다. 그러나 그 다음 해부터 노동쟁의 발생이 크게 줄어 2020년도의 경우 105건의 노동쟁의가 있었다.

한편 일본은 1991년 310건의 노동쟁의가 발생하였으나 이듬해부터 그 수가 점차 감소하기 시작하여 2006년 46건까지 떨어졌다. 그 후로 일본의 노동쟁의 연간 발생 건수에 큰 변화는 없으며 2018년도에는 58건이 집계되었다.

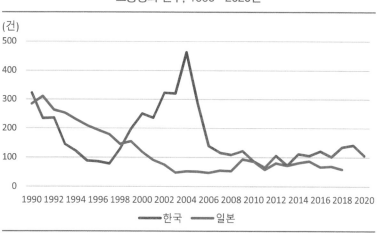

노동쟁의 건수, 1990~2020년

출처: 한국 통계청
주: 일본은 2018년도 자료까지 수록

노동소득의 GDP 비중은 한국이 약간 높아

근로자의 총보수와 자영업자의 노동소득이 GDP에서 차지하는 비중을 GDP 대비 노동소득 분배율이라고 하며, 이는 자본에 의한 생산량 대비 노동으로 인한 생산량의 상대적 비중을 보여 준다.

한일 양국의 GDP 대비 노동소득 분배율을 비교하면, 2004년부터 2019년의 기간 중 2010년과 2011년 두 해를 제외하고는 한국이 일본보다 높게 나타났으며 2019년도 한국과 일본의 동 수치는 각각 59%와 56%였다.

참고로 2004년 GDP 대비 62%를 기록하였던 미국의 노동소득 비중은 그 후 점진적으로 하락하여 2019년도에는 우리나라보다는 살짝 낮으며 일본보다는 조금 높은 58%를 보였다.

GDP 대비 노동소득 분배율, 2004~2019년

출처: 한국 통계청

소득불평등 정도는 양국이 비슷

소득불평등 정도를 나타내는 가장 대표적 지수 중 하나는 '지니계수Gini Index'이다. 지니계수는 최하 0 최대 1의 값을 가지며 낮은 수치가 보다 평등한 소득 분배를, 높은 수치가 보다 불평등한 소득 분배를 의미한다.

OECD에서 발표한 한국과 일본의 최신 지니계수 자료는 각각 2020년과 2018년 자료이며 각 년도에 두 나라 모두 0.33을 기록하였다. 이러한 한일 양국의 소득불평등 정도는 독일(0.30)보다 높지만 미국(0.38)과 영국(0.35)보다는 낮은 수준이다.

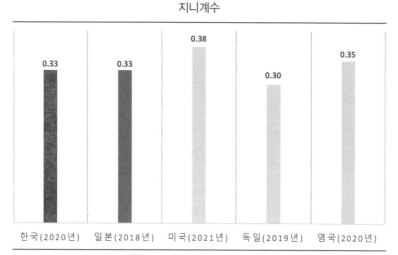

출처: OECD

친기업 환경은 한국이 우위

세계은행은 2020년도까지 국가별 기업 활동 관련 규제의 정도를 조사한 '기업환경지수Ease of Doing Business Index'를 발표하였다. 동 지수는 기업의 창업, 확장, 운영 및 퇴출과 관련된 10개 영역의 규제에 대한 조사를 바탕으로 작성된다. 이들 10개 분야는 '창업', '건축 인허가', '전기공급', '재산권 등록', '자금조달', '소액투자자보호', '세금납부', '통관행정', '법적분쟁해결'과 '퇴출'이다.

2020년도 조사에 의하면 한국은 100점 만점 중 84점을 받아 조사 대상 총 190개국 가운데 5위에 오른 반면 일본은 78점으로 29위를 기록, 우리나라의 기업환경이 일본보다 24순위 높은 평가를 받았다. 참고로 조사 대상 190개국의 평균 점수는 63점이었다.

2020년 '기업환경지수'

(순위)	(점수)
뉴질랜드(1)	86.8
싱가포르(2)	86.2
홍콩(3)	85.3
덴마크(4)	85.3
한국(5)	**84.0**
미국(6)	84.0
조지아(7)	83.7
영국(8)	83.5
노르웨이(9)	82.6
스웨덴(10)	82.0
...	
일본(29)	**78.0**

출처: 세계은행

세계 100대 기업 중 한국은 1개 일본은 5개

미국의 경제 전문지 포브스Forbes는 2003년도부터 매년 세계 100대 기업을 선정하여 발표하고 있다. 이 순위는 기업의 자산 규모, 시장 가치, 매출, 수익 등 4개 지표에 동일한 가중치를 두어 계산된다.

2022년 5월 발표된 2021년 세계 100대 기업 순위에 일본은 10위의 도요타 자동차를 필두로 모두 총 5개의 기업이 이름을 올렸으며 우리나라 기업으로는 14위를 차지한 삼성전자가 유일하게 포함되었다.

한편 동년 미국은 총 38개 기업, 중국은 총 14개 기업이 순위에 들었다.

포브스 선정 2021년 세계 100대 기업

순위	기업	국가
1	버크셔 해서웨이Berkshire Hathaway	미국
2	중국공상은행	중국
3	아람코Aramco	사우디아라비아
4	제이피모건체이스JPMorgan Chase	미국
5	중국건설은행	중국
6	아마존Amazon	미국
7	애플Apple	미국
8	중국농업은행	중국
9	뱅크 오브 아메리카Bank of America	미국
10	도요타 자동차	일본
…	…	…
14	삼성전자	한국
44	소프트뱅크	일본
53	NTT일본전신전화주식회사	일본
56	소니	일본
58	MUFG미츠비시UFJ 파이낸셜그룹	일본

출처: 포브스

정경유착은 양국 모두 낮은 수준

정치권력과의 유착을 통하여 기업이 이익 극대화를 추구하는 불공정한 경제체제를 '정실 자본주의crony capitalism'라 부른다. 다수의 신자유주의학파 경제학자들은 동아시아 국가들의 정실 자본주의를 1997년 동아시아 외환위기의 주요 근본 원인들 중 하나로 지목하였으며, 우리나라의 재벌과 정부의 정경유착 역시 외환위기 당시 크게 비판받았다.

전 세계적 영향력을 가진 영국의 유력 시사 주간지인 이코노미스트The Economist는 각국의 정실 자본주의 정도를 조사한 '정실 자본주의 지수Crony-capitalism Index'를 발표하고 있다. 동 지수는 앞서 언급된 미국 경제 전문지 포브스의 세계 억만장자 자료를 이용하여 작성되며, 그들 억만장자가 부를 획득하는 원천을 은행, 카지노, 국방, 자원 채굴, 건설 등의 정실 산업과 그 이외의 비정실 산업으로 구분하여 정실 자본주의 정도를 분석한다. 2021년도 조사의 경우 도합 13조 달러를 소유한 억만장자 2,755명의 자료가 사용되었으며, 동 조사 결과 불명예의 1위는 러시아가 차지하였다.

한일 양국 모두 동 조사에 포함된 주요 국가들 중 가장 낮은 수준의 정실 자본주의 국가로 선정되었으며, 한국 22위 일본 20위로 우리나라가 근소한 차이로 일본보다 좀 더 나은 결과를 보여 주었다. 이와 유사하게 2016년도 조사에서도 우리나라와 일본은 각각 20위와 19위를 차지하였다.

이코노미스트지 '정실 자본주의 지수' 순위

2016년	국가	2021년
1	러시아	1
2	말레이시아	2
4	싱가포르	3
3	필리핀	4
5	우크라이나	5
6	멕시코	6
9	인도	7
7	인도네시아	8
12	태국	9
11	중국	10
10	대만	11
15	브라질	12
8	터키	13
13	남아프리카공화국	14
14	영국	15
17	아르헨티나	16
16	미국	17
18	프랑스	13
21	폴란드	19
19	일본	20
22	독일	21
20	한국	22

출처: 이코노미스트

국가경쟁력은 한국이 우위

스위스 국제경영개발원International Institute for Management Development (IMD)은 국가경쟁력을 "영토 내에서 활동 중인 기업들이 국내외 경쟁력을 유지할 수 있는 환경을 제공해 주는 국가의 능력"으로 정의하고 1989년도부터 매년 전 세계 60여개 나라의 국가경쟁력을 평가하여 그 순위를 발표하고 있다. 2022년도에는 총 63개 국가가 평가에 포함되었으며, 평가 체계는 '경제 운용 성과', '정부 행정 효율', '기업 경영 효율', '인프라' 등의 4개 부문과 총 333개의 세부 지표로 구성되었다.

우리나라 국가경쟁력 순위는 1997년 외환위기 발발 2년 후인 1999년도의 경우 41위까지 하락하였으며 2009년도까지 줄곧 일본보다 낮았다.

그러나 2010년도에 23위에 오르며 당시 27위였던 일본을 앞섰으며 그 후 양국의 순위는 2010년대 동안 대체로 경합을 보였다.

국가경쟁력 순위, 1997~2022년

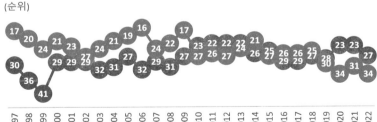

출처: 한국 통계청

하지만 2019년도부터 일본의 순위는 30위권으로 내려가며 2021년 31위 2022년 34위를 기록한 반면 우리나라는 2021년 23위 2022년 27위를 차지하였다.

제3장

정치와 국방

유사한 모습을 보이는 두 나라

땅과 사람
생각보다 큰 일본?
3.8

살림살이
비약하는 한국 정체된 일본
2.7

한국

한일 관계
더 멀어질까 가까워질까?
79:62

정치와 국방
유사한 모습을 보이는 두 나라
8.16:8.15

교육과 과학
경쟁하는 양국
7:8

사회와 문화
다르면서도 비슷한 한일 **5.94:6.04**

일본

거의 동일한 민주주의 성숙도

다양한 기관에서 민주주의 발전 정도를 측정하는 지표를 개발하여 발표하고 있다. 여기서는 그 중 영국 이코노미스트지에서 발표하는 '민주주의 지수Democracy Index', 정치학 연구에서 널리 사용되고 있는 자료인 '폴러티Polity 5' 데이터, 그리고 스웨덴 예테보리 대학에서 발표하는 '자유민주주의 지수Liberal Democracy Index'에 따른 한국과 일본의 순위를 살펴보도록 한다.

이코노미스트지는 2006년부터 전 세계 165개국을 대상으로 각국의 민주주의 발전도를 조사하는 '민주주의 지수'를 발표하고 있다. 동 지수는 '선거과정 및 다원주의', '정부의 기능', '정치 참여', '정치 문화', '시민적 자유' 등 다섯 개의 범주를 토대로 작성되며, 각 나라는 점수에 따라 '완전한 민주주의', '결함이 있는 민주주의', '민주주의와 권위주의 혼재', '권위주의' 중 하나로 분류된다.

이코노미스트지 '민주주의 지수', 2006~2021년

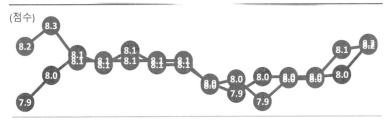

출처: 『Democracy Index 2021 : The China Challenge』(Economist Intelligence, 2022)

이 지수가 발표된 첫 해인 2006년도의 경우 한국의 점수는 7.88로 당시 8.15점을 받은 일본보다 다소 낮았다. 하지만 2010년도부터 양국은 거의 유사한 점수를 기록하고 있다. 2021년도 조사에서 한일 양국 모두 각자 역대 최고점인 8.16점과 8.15점을 취득하여 한국은 16위 일본은 17위에 올라 두 나라 모두 '완전한 민주주의' 국가로 분류되었다.

같은 해 '완전한 민주주주의' 국가로 분류된 나라는 총 21개국(13%)이었으며, '결함이 있는 민주주의' 국가는 총 53개국(32%), '민주주와 권위주의 혼재' 국가는 총 34개국(20%), '권위주의' 국가는 총 59개국(35%)으로 나타났다.

2021년 이코노미스트지 '민주주의 지수' '완전한 민주주의' 국가

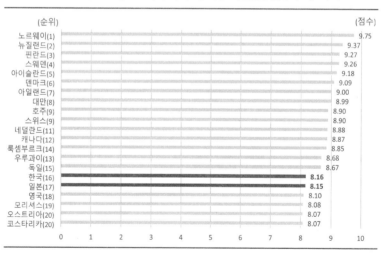

출처: 『Democracy Index 2021: The China Challenge』(Economist Intelligence, 2022)

한편 정치학 연구에서 민주주의 지수로 가장 널리 사용되고 있는 자료 중 하나는 미국의 연구소인 '체계적 평화를 위한 센터Center for Systemic Peace'에서 제공하는 '폴러티' 데이터이다. 동 데이터는 비교 및 정량적 연구 진작을 목표로 전 세계 국가들의 정치체제와 민주주의 정도를 측정하는 '폴러티 프로젝트Polity Project'의 일환이다. 현재 '폴러티5 프로젝트'가 진행 중이며 이는 1800년부터 2018년까지 기간 동안 전 세계 167개국의 데이터를 축적 중이다. 각국은 자국의 정치체제의 분류에 따라 '폴러티 점수Polity Score'가 매겨진다. 가장 높은 점수는 10점으로 이는 강건한 민주주의를 의미한다. 반대로 최저점은 −10점으로 이는 세습군주제를 뜻한다. 10점부터 6점은 '민주주의', 5점부터 −5점은 '민주주의와 전제주의 혼합체제', −6점부터 −10점까지는 '전제주의'로 분류된다.

폴러티5 데이터에 의하면 2018년도의 경우 한국은 8점 일본은 10점을 취득하여 양국 모두 '민주주의'로 분류된다. 시간에 따른 변화를 보면, 우리나라는 이승만 대통령이 하야하고 장면 내각이 수립된 해인 1960년도 일 년을 제외하면 제6공화국이 출범하고 노태우 대통령이 취임한 1988년도가 되어서야 '민주주의'로 분류되기 시작하는 폴러티 점수인 6점을 받기 시작하였다. 그 후 김대중 전 대통령의 임기가 시작한 1998년도부터 폴로티 점수가 8점으로 상승한 뒤 현재까지 동 점수가 유지되고 있다. 반면 일본은 1952년도부터 줄곧 최고점인 10점을 기록하였다.

참고로 2018년도 북한, 중국, 러시아의 폴러티 점수는 각각 −10점, −7점, +4점이다.

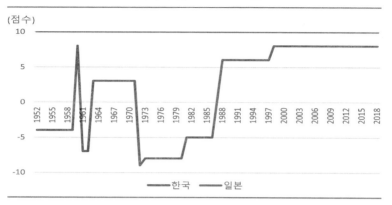

폴러티 점수, 1952~2018년

출처: 폴러티5 데이터

스웨덴 예테보리 대학University of Gothenburg의 '다양한 민주주의 연구소V-Dem Institute'는 전 세계 3,700명 이상의 학자와 전문가들과의 협업을 통하여 1789년도부터 현재까지의 기간 동안 전 세계 총 202개국의 민주주의 발전도를 다양한 방식을 적용하여 조사한 데이터베이스를 구축하고 이를 발표하고 있다. 그 중 '자유민주주의 지수'는 '자유도'와 '선거의 민주주의 수준'을 측정하는 총 71개의 지표를 기반으로 하여 작성된다. 조금 더 자세히 설명하면, '자유도'는 '법적 공평성 및 개인의 자유도', '행정부에 대한 사법부의 통제', '행정부에 대한 입법부의 통제' 등 3개 기준을 바탕으로 조사된다. '선거의 민주주의 수준'은 '선거권', '선출직 공무원', '선거의 공명성', '집회의 자유', '표현의 자유 및 정보의 다양성' 등 크게 5개 범주에 대한 조사를 토대로 파악된다.

2022년도에 발표된 2021년 '자유민주주의 지수'에 따르면, 한국은 17위에 올라 상위 10% 그룹에 속하였으며 일본은 28위를 기록하여 상위 10~20% 그룹에 포함되었다.

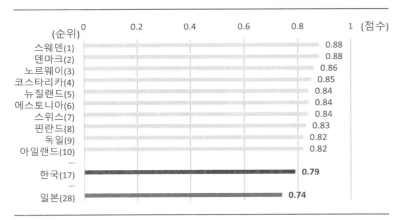

출처: 『Democracy Report 2022: Autocratization Changing Nature?』(V-Dem Institute, 2022)

자유지수는 대체로 일본이 우위

미국의 수도 워싱턴Washington D.C.에 위치한 프리덤 하우스 Freedom House는 민주주의, 정치적 자유, 인권을 위한 활동을 하고 있는 비정부 기구로, 1973년도부터 세계 각국의 정치적 권리와 시민의 자유를 평가한 '세계자유지수Freedom in the World'를 발표하고 있다. 이 지수는 선거 과정, 정치의 다원성, 정치 참여, 정부 기능을 '정치적 권리'를 측정하는 지표로, 표현과 신념의 자유, 단결권과 결사의 자유, 법치, 개인적 자율성과 개인의 권리를 '시민의 자유'를 재는 척도로 사용한다. 최고점은 100점 최저점은 0점이다.

2013년도의 경우 한국과 일본의 점수는 각각 86점과 88점으로 일본이 다소 앞섰으나 큰 차이는 없었다. 하지만 그 후 우리나라의 점수는 하락세를 보이며 2019년도부터 83점에 머물고 있는 반면 일본의 점수는 상승하여 2016년도부터 줄곧 96점을 유지하고 있다.

프리덤 하우스 '세계자유지수', 2013~2022년

출처: 프리덤 하우스

 역시 워싱턴 D.C.에 본부를 둔 미국의 자유주의 싱크탱크인 케이토 연구소Cato Institute와 캐나다의 자유주의 싱크탱크인 프레저 연구소Fraser Institute는 공동으로 '인권지수Human Freedom Index'를 2008년부터 발표하고 있다. 동 지수는 '법치', '안보와 안전', '이동', '종교', '협회, 집회 및 시민사회', '표현과 정보', '집단 사이의 관계', '정부 규모', '법체계 및 재산권', '화폐의 건전성', '무역의 자유', '규제' 등과 같은 분야에서 개인 및 경제적 자유의 정도를 82개 지표를 사용하여 측정한다. 가장 높은 점수는 10점 가장 낮은 점수는 0점이며, 최신 조사인 2019년도 조사는 총 165개국을 포함하였다.

 2008년도부터 2019년도까지의 기간 동안 한일 양국 모두 점수와 순위가 상승하는 모습을 보여 주는 가운데, 일본이 한국보다 지속적으로 높은 점수를 받았다. 2008년 한국과 일본은 각각 8.3점으로 39위, 8.6점으로 21위를 기록하였으나 2019년 한국은 8.4점으로 31위로 일본은 8.7점으로 15위로 올라섰다.

'인권지수', 2008~2019년

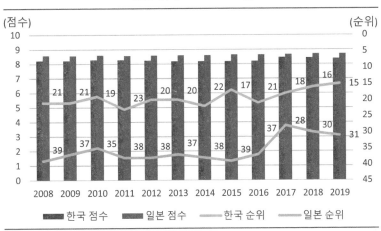

출처: 『The Human Freedom Index 2021』(Cato Institute and Fraser Institute, 2021)

언론 자유 신장을 목표로 활동 중인 국제 언론 단체인 '국경없는 기자회Reporters without Borders'는 2002년도부터 전 세계 180개국을 대상으로 '세계언론자유지수World Press Freedom Index'를 발표하고 있다. 동 지수는 전문가들을 대상으로 한 설문조사 결과를 토대로 작성된다. 설문 내용은 '여론이 미디어에 반영되는 수준', '정치, 정부, 기업, 종교집단으로부터 미디어의 독립성', '미디어 환경 및 자기 검열', '뉴스와 정보 관련 활동을 관장하는 입법 체계의 영향', '뉴스와 정보의 생산에 영향을 미치는 기관과 절차의 투명성', '뉴스와 정보 생산을 지원하는 기반 설비의 수준' 등에 관한 총 87개 질문을 포함한다. 최고점은 100점 최하점은 0점이다.

우리나라는 조사 첫 해인 2002년도 39위를 기록하였다. 그러나 2009년도에는 69위로 2016년도에는 70위까지 순위가 하락하기도 한 후, 2018년도부터 반등을 시작하여 2020년도와 2021년도에는 42위를 유지하였다.

일본은 2002년도 26위로 시작하여 2010년도에는 순위가 11위 까지 상승하기도 하였다. 하지만 그 이후 순위가 급격히 하락하여 2016년도와 2017년도의 경우는 72위까지 추락하였다. 그 후 순위 가 다소 상승하였으나 2021년도 67위에 머물렀다.

국경없는 기자회 '세계언론자유지수', 2002~2021년

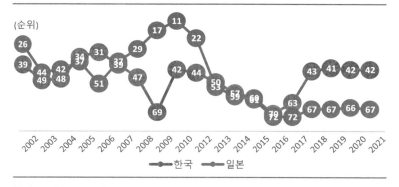

출처: 국경없는 기자회

앞서 언급한 프리덤 하우스는 2009년도부터 세계 각국의 '인터 넷 자유도Freedom on the Net'도 평가하여 발표하고 있다. 이 지수는 '인터넷 접근 장애', '온라인 컨텐츠에 대한 제한', '인터넷 사용자 권리의 침해' 등 세 범주로 나누어 평가된다.

'인터넷 접근 장애'는 '기반 시설 및 경제적 또는 정치적 이유에 인한 접속의 제한', '정부의 결정에 따른 인터넷 접속 차단 및 특정

소프트웨어 혹은 기술에의 접근 제한', '인터넷 서비스 공급자에 대한 법적, 규제적, 소유권적 통제', '규제 기관의 독립성' 등을 조사하여 측정된다. '온라인 컨텐츠에 대한 제한'은 '컨텐츠에 대한 법적 규제', '웹사이트에 대한 기술적 제한 및 차단', '자기 검열 또는 다른 형태의 검열', '온라인 환경의 활력과 다양성', '정치적 동원을 위한 디지털 도구의 사용' 등을 분석하여 평가된다. '인터넷 사용자 권리의 침해'는 '표현의 자유의 법적 보장과 제한', '감시와 프라이버시', '온라인 상에서의 발언과 행동으로부터 야기되는 구금, 괴롭힘, 물리적 또는 사이버 공격 등과 같은 법적 및 법 외적 결과' 등의 조사를 통하여 판단된다. 평가 결과 100점부터 70점은 '자유', 69점부터 40점은 '제한적 자유', 39점부터 0점은 '자유롭지 않음'으로 분류된다.

우리나라는 2016년도 64점에서 2022년도 67점으로 동 기간 점수가 다소 오르긴 하였으나 아직 '제한적 자유' 국가로 분류된다. 반면 일본은 2016년도 78점에서 2022년도 77점으로 점수가 소폭 하락하긴 하였으나 '자유' 국가 지위를 유지하고 있다.

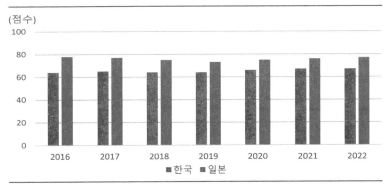

프리덤 하우스 '인터넷 자유도', 2009∼2022년

출처: 프리덤 하우스

정치제도는 전반적으로 일본이 다소 높게 평가

세계은행은 1996년도부터 전 세계 200여개 국가를 대상으로 정치제도의 수준을 6개의 항목으로 분류하여 평가하는 '세계 거버넌스 지수Worldwide Governance Indicators(WGI)' 연구 프로젝트를 수행하고 있다.

이들 6개 항목은 '여론 반영도', '정치적 안정성', '정부의 효율성', '규제의 질', '법치주의' 및 '부패의 제어'로 구성된다. '여론 반영도'는 표현의 자유, 결사의 자유, 언론의 자유, 시민의 정부 선출 과정에 참여할 수 있는 정도 등을 조사한다. '정치적 안전성'은 정치적 불안 또는 테러를 포함한 정치적 배경을 가진 폭력적 사태가 발생할 가능성을 평가한다. '정부의 효율성'은 공공 서비스의 질, 공무원 업무의 수준, 정치적 압력으로부터 공무원의 독립성, 정책 수립 및 집행 능력, 정부 정책의 신뢰성 등을 분석한다. '규제의 질'은 민간 부문의 발전을 도모하는 건전한 정책과 규제를 수립하고 집행할 수 있는 정부의 역량을 측정한다. '법치주의'는 범죄 및 폭력의 발생 가능성과 더불어 계약의 집행, 재산권 보장, 경찰권 및 사법권의 수준 등과 같은 사회 규칙에 대한 시민들의 신뢰 및 준수 정도를 조사한다. ;부패의 제어'는 엘리트 집단과 이익 단체의 정부에 대한 영향력 행사 및 부패 행위를 통한 사적 이익 추구를 제어하는 공권력의 수준을 평가한다. 각 항목당 점수는 최대 2.5점 최저 −2.5점이다.

이들 6개 분야 모두에서 대체로 일본이 우리나라보다 높은 점수를 받았다. 구체적으로 '여론 반영도'부터 살펴보면, 조사가 처음 실시된 1996년도의 경우 한국은 0.67점을 받았으며 그 후 점수가 다소 상승하여 2021년도에는 0.93점을 획득하였다. 백분위 석차(전체 국가들 중에서 해당 국가의 점수보다 더 낮은 점수를 받은 국가들의 비율을 나타낸 수치)는 1996년도 68, 2021년도 78을 기록하였다. 즉 1996년도에는 68%의 국가들이, 2021년도에는 78%의 나라들이 우리나라보다 낮은 점수를 받았다. 다시 말하여 우리나라는 1996년도에는 상위 32% 2021년도에는 상위 22%의 위치를 차지하였다. 반면 일본은 1996년도 1.07점으로 상위 19% 2021년도에는 1.08점으로 상위 16%에 올랐다.

여론 반영도, 1996~2021년

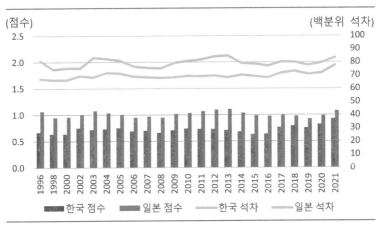

출처: 세계은행 '세계 거버넌스 지수'

　다음으로 '정치적 안정성' 측면은, 한국은 1996년도 0.57점으로 상위 34% 수준이었으나 2014년도 점수가 0.11점까지 하락하고 백분위 석차도 50까지 떨어졌다. 하지만 그 후 점수가 반등하여 2021년도에는 0.66점을 기록하고 상위 33%에 위치하였다. 일본은 동 기간 내내 한국보다 상당히 높은 점수를 보였는데, 1996년도는 1.16점을 받아 상위 12% 2021년도는 1.03점을 취득하여 상위 14%를 차지하였다.

정치적 안전성, 1996~2021년

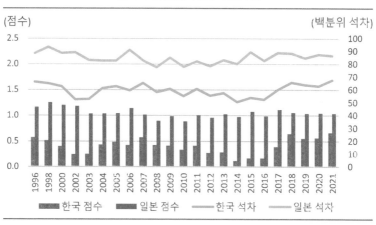

출처: 세계은행 '세계 거버넌스 지수'

'정부의 효율성' 영역은 6개 정치제도 중 우리나라가 가장 우수한 평가를 받은 항목이자 또한 유일하게 최근 들어 일본보다 높은 점수를 취득한 분야이다. 한국의 1996년도 점수는 0.47점으로 당시 상위 33%에 머물렀지만 2021년도에는 1.41점을 획득하여 상위 9%의 위치까지 올라섰다. 일본은 1996년도 0.91점으로 상위 19%, 2021년도 1.40점으로 상위 10%를 차지하였다.

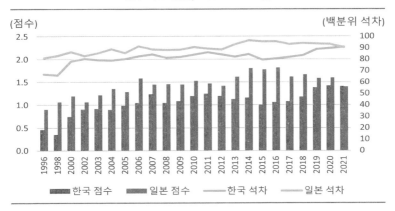

정부의 효율성, 1996~2021년

출처: 세계은행 '세계 거버넌스 지수'

 '규제의 질' 분야에서도 한국의 최근 평가는 과거보다 크게 향상
되었다. 1996년도 우리나라의 점수는 0.45점으로 상위 35%에 불
과하였으나 2021년도에는 그 두 배 이상인 1.10점을 받아 상위
16%까지 올라섰다. 같은 기간 일본의 점수 역시 크게 상승하였는

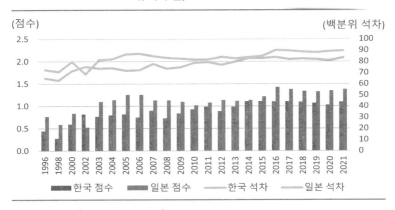

규제의 질, 1996~2021년

출처: 세계은행 '세계 거버넌스 지수'

데, 1996년도 0.77점으로 상위 27%를 기록한 후 2021년도에는 1.38점으로 상위 10%를 점하였다.

동 기간 '법치주의' 영역에서도 우리나라 점수는 다소 상승하였다. 1996년 한국의 점수는 0.8점으로 상위 29% 수준이었으나 2021년 1.13점을 획득하여 상위 15%까지 백분위 석차가 올라갔다. 일본은 1996년도부터 1.35점으로 상위 11%라는 상당히 우수한 평가를 받았으며 2021년도에는 그보다도 높은 1.58점을 받아 상위 9%를 기록하였다.

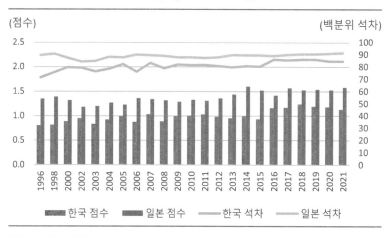

법치주의, 1996~2021년

출처: 세계은행 '세계 거버넌스 지수'

'부패의 제어' 분야는 한일 양국이 상당한 격차를 보인다. 1996년 한국은 0.38점으로 상위 34%에 자리한 반면 일본은 1.19점으로 상위 16%에 올랐다. 그 후 우리나라의 점수는 다소 높아져 2021년 0.76점으로 상위 23%를 기록하였지만, 같은 시기 일본의 점수 역시 상승하여 2021년 1.57점을 취득하여 상위 9%를 차지하였다.

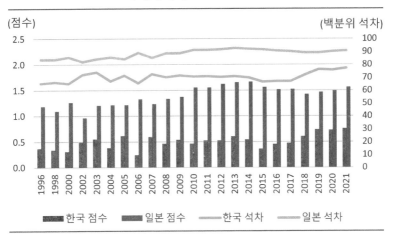

부패의 제어, 1996~2021년

출처: 세계은행 '세계 거버넌스 지수'

투표에 보다 적극적인 한국

국민의 정치 참여 정도를 보여 주는 투표율에 있어서는 전반적으로 한국이 일본보다 높은 투표율을 보여 준다.

먼저 우리나라의 투표율을 대통령 선거부터 살펴 보자. 1972년 10월 유신 이후 최초의 직접선거에 의한 대통령 선거였으며 노태우 대통령이 당선되었던 1987년 13대 대선은 89%라는 매우 높은 투표율을 기록하였다. 그 후 1992년, 1997년, 2002년, 2007년 대선에서는 투표율이 점차 하락하여 이명박 대통령이 선출되었던 2007년 17대 대선에서는 투표율이 63%까지 떨어졌다. 하지만 박근혜 당시 새누리당 후보가 문재인 민주통합당 후보를 누르고 당선된 18대 대선에서 투표율이 76%로 상승하였으며 그 후 문재인 대통령이 선출된 2017년 19대 대선과 윤석렬 대통령이 당선된 2022년 20대 대선의 투표율은 모두 77%를 기록하였다.

한국 대통령 선거 전체 유권자 투표율, 1952~2022년

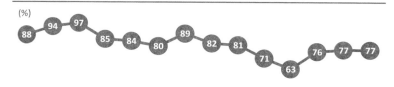

1952 1956 1960 1963 1967 1971 1987 1992 1997 2002 2007 2012 2017 2022

출처: 한국 통계청, 중앙선거관리위원회

한국 대선 투표율을 연령대별로 알아보면, 1992년 14대 대선부터 2007년 17대 대선까지는 20대 이하 젊은 유권자의 투표율이 30대 이상 연령층의 투표율보다 상당히 낮은 투표율을 보여 주었다. 하지만 2012년 18대 대선부터 젊은 유권자의 투표율이 크게 상승하기 시작하였으며 2017년 19대 대선과 2022년 20대 대선 모두 20대 이하 유권자의 투표율이 70%를 상회하였다. 이는 최근 들어 젊은 세대의 정치참여가 보다 적극적으로 변하였음을 보여준다.

우리나라 국회의원 선거 투표율은 대통령 선거 투표율보다 전반적으로 낮은 수치를 보인다. 하지만 국회의원 선거 투표율의 변화 추이는 앞서 살펴본 대통령 선거 투표율의 변화와 상당히 유사한 모습을 띈다. 1985년 12대 국회의원 선거에서 투표율이 85%에 이른 후 1988년 13대 총선부터 투표율이 점차 하락하며 2000년 16대 총선에서는 투표율이 57%로 떨어졌다. 2004년도에 열린 17대 총선에서는 투표율이 61%로 다소 올랐으나 2008년 18대 총선에서는 46%까지 투표율이 하락, 역대 최저 투표율을 기록하였다. 당시 선거에서는 여당인 한나라당이 51%를 득표하여 131석, 제1야당인 통합민주당이 27% 득표로 81석을 차지하여 여당이 크게 승리하였다.

한국 대통령 선거 연령대별 투표율(%), 1992~2022년

	1992	1997	2002	2007	2012	2017	2022
전체	81.9	80.7	70.8	63.0	75.8	77.2	77.1
19세				54.2	74.0	77.7	72.5
20대 전반	69.8	66.4	57.9	51.1	71.1	77.1	71.6
20대 후반	73.3	69.9	55.2	42.9	65.7	74.9	70.4
30대 전반	82.1	80.4	64.3	51.3	67.7	74.3	70.9
30대 후반	85.9	84.9	70.8	58.5	72.3	74.1	70.6
40대	88.8	87.5	76.3	66.3	75.6	74.9	74.2
50대	89.8	89.9	83.7	76.6	82.0	78.6	81.4
60대	—	—	—	—	—	84.1	87.6
60대 이상	83.2	81.9	78.7	76.3	80.9	—	—
70대	—	—	—	—	—	81.8	86.2
70대 이상	—	—	—	—	—	—	—
80대 이상	—	—	—	—	—	56.2	61.8

출처: 한국 통계청

그러나 2012년 19대 총선부터 투표율이 점차 오르기 시작하여 2020년 21대 국회의원 선거 투표율은 66%를 기록하였다. 동 선거에서 여당인 더불어민주당과 그 위성정당인 더불어시민당이 60% 득표로 180석, 제1야당인 미래통합당과 그 위성정당인 미래한국당이 34% 득표로 103석을 얻어 더불어민주당이 압도적인 대승을 거두었다.

한국 국회의원 선거 전체 유권자 투표율, 1948~2020년

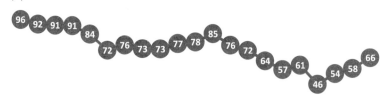

출처: 한국 통계청

국회의원 선거에서도 젊은 세대의 투표율이 일반적으로 저조하였는데 최저 투표율을 보였던 2008년 18대 총선의 경우 20대 전반, 20대 후반, 30대 전반의 투표율은 각각 33%, 24%, 31%에 불과하였다. 하지만 19대 총선부터 이들 젊은 유권자의 투표율 역시 전반적인 투표율과 함께 상승하기 시작하여 2020년 21대 총선에서는 각각 61%, 57%, 57%까지 올라갔다.

한국 국회의원 선거 연령대별 투표율(%), 1992~2020년

	1992	1996	2000	2004	2008	2012	2016	2020
전체	71.9	63.9	57.2	60.6	46.1	54.2	58.0	66.2
19세	—	—	—	—	33.2	47.2	53.6	68.0
20대 전반	56.6	44.8	39.9	46.0	32.9	45.4	55.3	60.9
20대 후반	57.1	43.8	34.2	43.3	24.2	37.9	49.8	56.7
30대 전반	68.5	57.7	45.1	53.2	31.0	41.8	48.9	56.5
30대 후반	75.7	68.0	56.5	59.8	39.4	49.1	52.0	57.6
40대	81.1	75.3	66.8	66.0	47.9	52.6	54.3	63.5

50대	84.3	81.3	77.6	74.8	60.3	62.4	60.8	71.2
60대	—	—	—	—	—	—	71.7	80.0
60대 이상	78.2	74.4	75.2	71.5	65.5	68.6	—	—
70대	—	—	—	—	—	—	73.3	78.5
70대 이상	—	—	—	—	—	—	—	—
80대 이상	—	—	—	—	—	—	48.3	51.0

출처: 한국 통계청

우리나라 지방 선거 투표율은 전반적으로 국회의원 투표율보다
도 다소 낮다. 그 변화 추이를 살펴 보면, 1995년도 68%였던 투표
율이 2002년 선거에서 49%까지 떨어졌다. 그 후 투표율이 점진적
으로 올라 2018년 선거 당시 60%까지 상승하였으나 2022년 선거
에서는 51%로 다시 하락하였다.

한국 지방 선거 전체 유권자 투표율, 1995~2022년

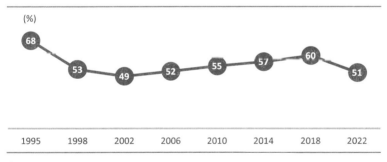

출처: 한국 통계청

지방 선거에서도 청년 세대의 투표율이 저조하였다. 특히 20대
후반의 투표율이 낮았는데 2002년과 2006년 선거에서는 연속하여
20%대의 수치를 보이기도 하였다. 이후 젊은 유권자의 투표율도

점차 상승하여 2018년에는 20대의 투표율 역시 50%를 넘었으나 2022년 선거에서는 30%대로 재차 크게 낮아졌다.

한국 지방 선거 연령대별 투표율(%), 1995~2022년

	1995	1998	2002	2006	2010	2014	2018	2022
전체	68.4	52.7	48.9	51.6	54.5	56.8	60.2	50.9
19세	—	—	—	37.9	47.4	52.2	54.1	35.7
20대 전반	51.7	37.8	36.3	38.3	45.8	51.4	52.9	37.0
20대 후반	53.8	30.5	27.0	29.6	37.1	45.1	51.0	35.6
30대 전반	64.5	40.3	34.5	37.0	41.9	45.1	53.0	36.9
30대 후반	71.9	51.8	44.8	45.6	50.0	49.9	55.4	38.6
40대	77.6	62.4	56.2	55.4	55.0	53.3	58.6	44.7
50대	81.9	73.8	70.0	68.2	64.1	63.2	63.3	55.2
60대	—	—	—	—	—	74.4	72.5	70.5
60대 이상	76.6	71.2	72.5	70.9	69.3	—	—	—
70대	—	—	—	—	—	—	74.5	75.3
70대 이상	—	—	—	—	—	67.3	—	—
80대 이상	—	—	—	—	—	—	50.8	51.2

출처: 한국 통계청

대통령제인 우리나라와 달리 일본은 다수당의 당수가 내각총리대신 즉, 수상에 오르는 정치체제인 의원 내각제를 채택하고 있으며 하원 격인 중의원衆議院과 상원 격인 참의원參議院으로 구성된 양원제를 채택하고 있다.

국회 운영의 주도적 역할을 하는 기관은 중의원이며 참의원은 주로 이를 견제하는 역할을 한다. 보다 구체적으로, 중의원만이 내각의 총사직 또는 중의원 해산의 효과를 수반하는 내각불신임권을 보유하고 있다. 또한 법률과 예산의 의결과 조약의 승인, 수상의 지

명 등에 있어서 중의원의 의결은 참의원의 의결에 우선한다. 참의원은 중의원의 국가 예산 편성, 조약의 승인, 수상의 지명에 대한 거부권은 없다. 그러나 그 이외의 모든 법안의 경우에는 중의원에서 통과된 법안을 참의원이 부결하게 되면 동 법안이 채택되기 위하여는 중의원에서 3분의 2 이상의 다수로 재가결되어야 하는데 이는 사실상 거의 불가능하기 때문에 참의원이 현실적으로 거부권을 갖고 있다고 할 수 있다. 따라서 중의원 의석의 과반을 차지하고 있더라도 참의원 의석이 과반이 되지 않으면 여타 정당과의 연립정권 수립이 필요하다.

중의원의 의원 정수는 465명이며 그 중 176명은 비례대표제로 선출된다. 참의원의 의원 정수는 248명이고 그 가운데 100명이 비례대표제에 의해 선출된다. 중의원의 임기는 4년이지만 총리의 해산에 의해 언제라도 임기가 중단될 수 있다. 반면 참의원은 6년의 임기가 보장되며 전체 248명을 3년에 한 번 절반씩 나누어 선출한다.

1955년도에 자유당과 일본민주당이 합쳐져 창당된 보수주의 정당인 자유민주당(약칭 자민당)이 설립 후 현재까지 거의 대부분의 기간 동안 집권당의 지위를 차지하였다. 자민당이 최초로 정권을 놓친 시기는 1993년 7월 중의원 선거로, 당시 자민당이 과반 확보에 실패하자 일본신당 등 8개 당파가 연립내각 구성을 통하여 38년만에 정권 교체를 이루며 일본 정치의 이른바 '55년 체제'가 붕괴되었다. 하지만 이듬해인 1994년 6월 자민당은 일본사회당과 신당 사키가케와 공동으로 연립내각을 이루어 일 년도 안되어 정권을 탈환하였다. 그 후 2009년 8월 중의원 선거에서 야당인 민주당이 승리하여 집권하였지만 3년 4개월 후인 2012년 12월 당시 아베 신조가 이끈 자민당이 재집권에 성공하여 현재까지 여당의 지위를 유지하고 있다.

투표율을 보다 높이기 위하여 투표일을 공휴일로 지정하고 주중 가장 중간 요일인 수요일에 투표를 실시하는 우리나라와 달리 일본은 독일, 프랑스, 스페인, 핀란드, 스웨덴 등과 같이 일요일을 투표일로 정하고 있다. 투표용지 기재 방식에서도 한일 양국 간 차이가 있는데 우리나라에서는 투표용지에 기재되어 있는 후보자나 정당 이름 옆의 공란에 도장을 찍는데 반해, 일본은 유권자들이 후보자와 정당의 이름을 투표용지에 자필로 직접 기재하여야 한다. 후보자나 정당의 이름을 한 획이라도 잘못 쓰면 무효표로 처리되며 볼펜 등은 번질 우려가 있어 연필로만 써야 한다.

일본의 최근 중의원 선거 투표율은 우리나라 대통령 선거 및 국회의원 선거 투표율보다 상당히 낮은 편이다. 앞서 살펴보았듯이 우리나라 2022년 대선과 2020년 총선의 전체 유권자 투표율이 각각 77%와 66%였던 반면, 일본의 가장 최근 중의원 선거인 2021년 선거의 투표율은 56%에 머물렀다.

일본 중의원 선거 전체 유권자 투표율, 1967~2021년

출처: 일본 총무성

특히 젊은 세대의 투표율이 낮았는데 20대 유권자의 경우 2000년도 이래 실시된 여덟 번의 중의원 선거 중 여섯 번의 선거에서 30%대의 투표율을, 나머지 두 번의 선거에서도 40%대의 매우 저조한 투표율을 보였다. 최근 선거인 2021년 선거의 연령대별 투표율은 10대 43%, 20대 37%, 30대 47%, 40대 56%, 50대 63%, 60대 71%, 70대 이상 62%를 기록하였다. 이러한 연령대별 투표율의 차이는 초고령사회인 일본의 인구 구조와 더불어 일본 정치권이 고령자 위주의 정책을 펼치는 주요 원인 중 하나로 지적되고 있다.

일본 중의원 선거 연령대별 투표율(%), 2000~2021년

	2000	2003	2005	2009	2012	2014	2017	2021
전체	62.5	62.5	67.5	69.3	59.3	52.7	53.7	55.9
10대	—	—	—	—	—	—	40.5	43.2
20대	38.4	35.6	46.2	49.5	37.9	32.6	33.9	36.5
30대	56.8	56.8	59.8	63.9	50.1	42.1	44.8	47.1
40대	68.1	68.1	71.9	72.6	59.4	50.0	53.5	55.6
50대	72.0	72.0	77.9	79.7	68.0	60.1	63.3	63.0
60대	79.2	79.2	83.1	84.2	74.9	68.3	72.0	71.4
70대 이상	69.3	69.3	69.5	71.1	63.3	59.5	60.9	62.0

출처: 일본 총무성

일본 참의원 선거는 대체로 중의원 선거보다도 낮은 투표율을 보인다. 2019년 참의원 선거의 투표율은 전체 유권자의 절반에도 미치지 못하는 49%에 머물렀으나 2022년 선거에서는 투표율이 다소 상승하여 52%를 기록하였다.

일본 참의원 선거 전체 유권자 투표율, 1989~2022년

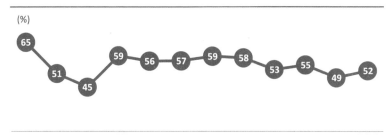

출처: 일본 총무성

중의원 선거와 유사하게 참의원 선거에서도 청년 세대의 투표율
이 상당히 낮은 수치를 보여 주며, 20대의 경우 최근 여덟 번의 선
거 모두에서 30%대의 지극히 저조한 투표율을 기록하였다. 2022
년 선거의 연령대별 투표율은 10대 35%, 20대 34%, 30대 45%, 40
대 51%, 50대 57%, 60대 66%, 70대 이상 56%였다.

일본 참의원 선거 연령대별 투표율(%), 2001~2022년

	2001	2004	2007	2010	2013	2016	2019	2022
전체	56.4	56.6	58.6	57.9	52.6	54.7	48.8	52.1
10대	—	—	—	—	—	46.8	32.3	35.4
20대	34.4	34.3	36.0	36.2	33.4	35.6	31.0	34.0
30대	49.7	47.4	49.1	48.8	43.8	44.2	38.8	44.8
40대	61.6	60.3	60.7	58.8	51.7	52.6	46.0	50.8
50대	67.3	66.5	69.4	67.8	61.8	63.3	55.4	57.3
60대	75.1	74.2	76.2	75.9	67.6	70.1	63.6	65.7
70대 이상	65.2	63.5	64.8	64.2	58.5	61.0	56.3	55.7

출처: 일본 총무성

정부에 대한 신뢰도는 조금 다른 모습

OECD는 2010년부터 국민의 자국 정부에 대한 신뢰도를 조사하여 발표하고 있다. 15세 이상 인구를 대상으로 "당신은 정부를 신뢰합니까"라는 질문에 "그렇다"라고 답한 응답자의 비율을 조사하는 방식이다.

동 조사에 따르면 2010년대 중후반의 경우는 일본인의 정부에 대한 신뢰도가 한국인의 정부에 대한 신뢰도보다 다소 높게 나타났다. 그러나 2021년 조사에서는 우리나라 응답자의 43%가 정부를 신뢰한다고 답한 반면 정부를 신뢰한다는 일본 응답자의 비율은 전년 42%에서 29%로 크게 하락하였다.

정부에 대한 신뢰도, 2010~2021년

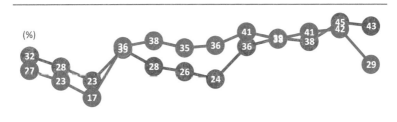

출처: OECD

한편 2021년도 미국, 독일, 영국에서 정부를 신뢰한다고 응답한 비율은 각각 41%, 61%, 40%였다.

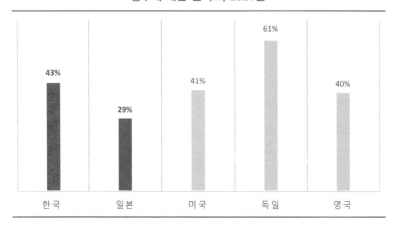

정부에 대한 신뢰도, 2021년

- 한국 43%
- 일본 29%
- 미국 41%
- 독일 61%
- 영국 40%

출처: OECD

복지지원은 일본이 더 커

저소득 가구 및 노령, 장애, 질병, 실업 등과 같은 사회적 위험에 처한 개인에게 정부가 제공하는 재정적 지원을 공공사회복지지출이라 부른다.

1990년도 한국 정부의 공공사회복지지출 규모는 GDP의 3% 수준이었으며 1인당 공공사회복지지출비는 328달러였다. 같은 해 일본의 공공사회복지지출은 GDP의 11% 규모였으며 1인당 공공사회복지지출비는 한국의 약 11배 수준인 3,571달러였다.

그 후 30여 년간 한국과 일본 양국 모두 대체로 공공사회복지지출비가 늘어났지만 여전히 양국 간에는 상당한 차이가 있다. 2019년도 한국의 공공사회복지지출비가 GDP의 12% 수준까지 오르고 전년도인 2018년 1인당 공공사회복지지출비가 4,427달러까지 상

승하였음에도 불구하고 이는 OECD 평균인 GDP 대비 20%(2019년)
와 1인당 8,686달러(2017년)에는 크게 미치지 못하는 수준이다.

GDP 대비 공공사회복지지출 비율, 1990~2019년

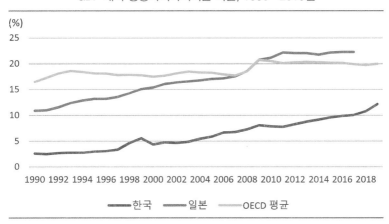

출처: OECD
주: 일본은 2017년도 자료까지 수록

1인당 공공사회복지지출, 1990~2018년

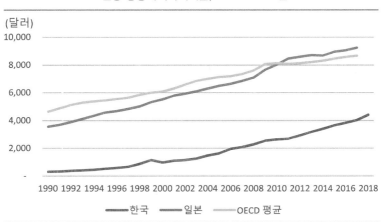

출처: OECD
주: 일본과 OECD 평균은 2017년도 자료까지 수록

이와 대조적으로 일본의 공공사회복지지출 규모는 2010년도 전후부터 OECD 평균을 상회하고 있는데, 2017년도의 경우 GDP 대비 22%, 1인당 지출 금액은 9,260달러를 기록하였다.

공적개발원조액은 아직 큰 격차

개발도상국의 경제 발전 및 복지 증진을 목적으로 하는 증여 및 양허성 차관(시중의 일반자금 융자와 비교하여 차입국에 유리한 조건으로 제공되는 차관)을 통한 해외 원조를 공적개발원조official development assistance (ODA)라 한다. 여기에 군사 목적의 차관 및 채권은 포함되지 않는다.

우리나라는 전 세계적으로 최초이자 유일하게 원조 수혜국에서 원조 공여국으로 전환한 국가이다. 1995년 원조 수혜국에서 벗어나 2009년 개발도상국에 대한 공적개발원조를 논의하는 OECD 산하기구인 개발원조위원회Development Assistance Committee(DAC)에 24번째 회원국으로 가입하여 본격적인 공적개발원조를 실시하고 있다.

그러나 공적개발원조액의 규모에 있어서는 아직까지 일본과 격차가 크다. 2021년 한국의 순 공적개발원조액은 국민총소득의 약 0.16% 수준인 27억 달러로 같은 해 자국 국민총소득의 약 0.34% 인 182억 달러를 원조한 일본의 15% 정도 수준이다.

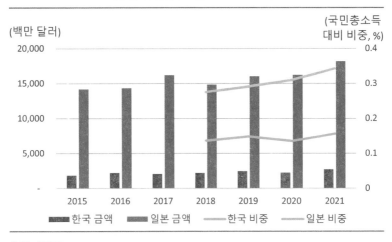

순 공적개발원조액, 2015~2021년

출처: OECD

비슷한 수준의 국방비 규모

국방력에 직접적인 영향을 미치는 국방비의 규모를 살펴보면 2021년 한국은 GDP의 약 2.8% 수준인 502억 달러를 국방비로 지출한 반면 일본은 GDP의 약 1.1% 정도인 541억 달러를 국방비로 지출하였다. 한국과 일본의 국방비 규모는 각각 전 세계 상위 10위와 9위였다.

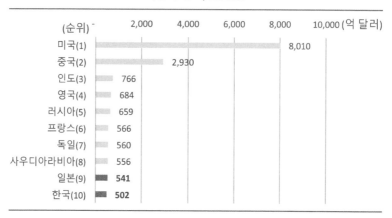
국방비 규모, 2021년

(순위)	2,000	4,000	6,000	8,000	10,000 (억 달러)
미국(1)					8,010
중국(2)		2,930			
인도(3)	766				
영국(4)	684				
러시아(5)	659				
프랑스(6)	566				
독일(7)	560				
사우디아라비아(8)	556				
일본(9)	**541**				
한국(10)	**502**				

출처: 『SIPRI Fact Sheet』(Stockholm International Peace Research Institute, 2022)
참조: 중국과 사우디아라비아 국방비는 추정치임

군사력 순위도 유사

미국 기업인 글로벌 파이어파워Global Firepower(GFP)는 50개 이상
의 항목에 대한 분석을 바탕으로 전 세계 국가의 군사력을 평가하
는 '세계 군사력 순위Military Strength Ranking'를 발표하고 있다.

한국은 2017년 11위를 기록하였고 그 후 순위가 점차 상승하여
2020년부터 2022년까지의 기간 동안에는 6위를 유지하였다. 2017
년 7위를 차지했던 일본은 2020년부터 2022년까지 우리나라보다
한 계단 높은 5위에 선정되었다.

글로벌 파이어파워 '세계 군사력 순위', 2017~2022년

순위	2017	2018	2019	2020	2021	2022
1	미국	미국	미국	미국	미국	미국
2	러시아	러시아	러시아	러시아	러시아	러시아
3	중국	중국	중국	중국	중국	중국
4	인도	인도	인도	인도	인도	인도
5	프랑스	프랑스	프랑스	일본	일본	일본
6	영국	영국	일본	한국	한국	한국
7	일본	한국	한국	프랑스	프랑스	프랑스
8	터키	일본	영국	영국	영국	영국
9	독일	터키	터키	이집트	브라질	파키스탄
10	이탈리아	독일	독일	브라질	파키스탄	브라질
11	한국	이탈리아	이탈리아	터키	터키	이탈리아

출처: 글로벌 파이어파워

국가의 물질적 역량 평가도 대동소이

미국 미시간 대학은 국제관계학의 정량적 연구 진작을 위하여 1963년부터 '전쟁 관련 요인 연구 프로젝트Correlates of War Project'를 진행하고 있다. 동 연구는 그 일환으로 총인구수, 도시 인구수, 강철 생산량, 에너지 소비량, 군 병력 규모, 군비 규모 등 6개 항목에 대한 조사를 기반으로 1816년부터 2016년까지의 기간 동안 전 세계 국가의 물질적 역량national material capabilities을 평가하는 '국가역량종합지수Composite Index of National Capability(CINC)'를 구축하였다. 이 지수는 국제관계학 연구에서 국가 간 국력을 비교하는데 가장 자주 사용되는 자료 중 하나이다.

2007년도 국가역량종합지수에서 한국과 일본은 각각 8위와 4위를 기록하였다. 그 후 9년 후인 2016년 일본은 한 계단 하락하여 5위에 선정된 반면 우리나라는 2계단 상승하여 6위에 올라 일본 바로 밑에 위치하였다.

국가역량종합지수, 2007년 2016년

출처: 전쟁 관련 요인 연구 프로젝트
주: *는 2007년도 순위

종합적인 국가 순위는 일본이 상위

미국의 주간지인 '유에스 뉴스 앤 월드 리포트U.S. News & World Report'는 2016년부터 전 세계 78개국을 대상으로 '유에스 뉴스 베스트 국가U.S. News Best Countries' 순위를 발표하고 있다. 동 순위는 국력, 삶의 질, 문화적 영향력, 기업친화적 환경, 사회적 가치 등을 포함한 9개 부문의 76개 지표를 조사한 점수에 따라 작성된다. 최고점은 100점이다.

　2022년도 조사에서 우리나라는 70.6점을 받아 20위에 선정되었으며 일본은 95.6점을 취득하여 6위를 차지하였다.

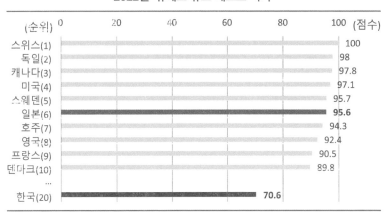

2022년 '유에스 뉴스 베스트 국가'

출처: 유에스 뉴스 앤 월드 리포트

제4장

사회와 문화

다르면서도 비슷한 한일

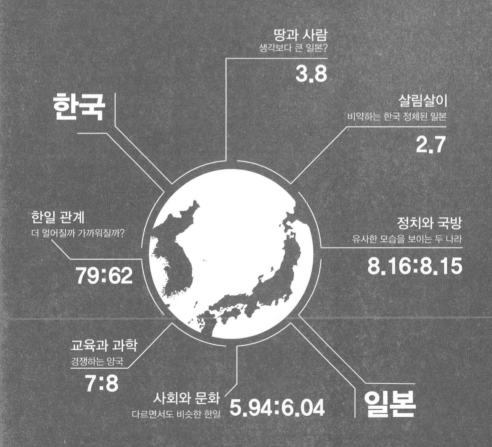

땅과 사람
생각보다 큰 일본?
3.8

살림살이
비약하는 한국 정체된 일본
2.7

한국

한일 관계
더 멀어질까 가까워질까?
79:62

정치와 국방
유사한 모습을 보이는 두 나라
8.16:8.15

교육과 과학
경쟁하는 양국
7:8

사회와 문화
다르면서도 비슷한 한일 **5.94:6.04**

일본

다소 상이한 양국의 가족 구성

여기서 논의하는 한국과 일본 가족 구성에 관한 자료는 OECD 자료이며 현재 동 자료에 수록된 양국의 최신 자료는 각각 2010년도와 2015년도 자료이다. 따라서 다소 시간이 흐른 자료라 현재의 상황을 정확히 반영하지 못한다는 한계가 있지만 이러한 점을 감안하여 동 자료를 참고하여 주시길 바란다.

한 가구 당 평균 구성원의 수는 한국은 2010년 기준 2.7명 일본은 2015년 기준 2.3명으로 집계되었다.

한 가구 당 평균 구성원 수

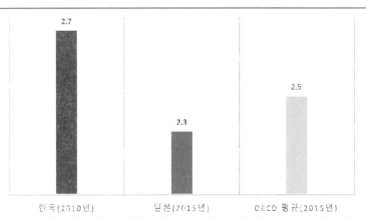

출처: OECD

가구의 구성 형태를 살펴보면, 한국은 2010년의 경우 부부로 구성된 가구가 전체의 52%이며, 그 중 자녀와 같이 살고 있는 가구가 전체의 37% 그렇지 않는 가구가 15%를 차지하였다. 한부모 가구의 비중은 9%로 그 중 대다수가 편모 가구로 7%를 보였으며 편부 가구는 2%에 불과하였다. 한편 1인 가구의 비중은 24%를 기록하였다.

우리나라와 비교하여 일본 가구 구성의 가장 큰 차이 중 하나는 1인 가구의 비중이 높다는 점으로 2015년의 경우 전체의 35%를 이루었다. 또한 한부모 가구의 비중도 우리나라보다 많이 낮아 2.6%에 불과하였다. 하지만 우리나라와 유사하게 그 중 대다수는 편모 가구로 편모 가구가 2.4%를 차지한 반면 편부 가구는 0.3%에 머물렀다. 자녀와 동거하는 부부 가구의 비중은 우리나라와 비교하여 상당히 낮았는데, 부부로 이루어진 가구가 전체의 47%인 가운데 자녀와 같이 생활하는 부부 가구의 비중은 17%에 불과한 반면 부부만으로 구성된 가구는 30%에 달하였다.

가구 구성 형태(%)

	부부 가구			한부모 가구			1인 가구	기타
	전체	유자녀	무자녀	전체	편모	편부		
한국(2010년)	52.4	37.0	15.4	9.2	7.2	2.0	23.9	14.7
일본(2015년)	46.8	16.6	30.2	2.6	2.4	0.3	34.5	16.2

출처: OECD
주: 부부는 결혼 및 동거 양자 모두 포함. 한국은 연령과 무관하게 결혼하지 않은 모든 자녀를 포함하는 반면 일본은 결혼하지 않은 20세 미만의 자녀만 포함

두 나라 모두에서 감소하는 결혼식

결혼 건수는 한국은 1980년대 초반부터 일본은 1970년대 초반부터 하락세를 보이고 있다. 1970년 천명당 9.2건이던 한국의 결혼

건수는 1980년 10.6건까지 상승하였으나 그 후부터 감소세로 전환되어 2020년도에는 4.2건까지 떨어졌다.

일본은 천명당 10.5건을 기록한 1971년부터 결혼 건수가 하락하기 시작하여 1987년 5.7건까지 그 수가 줄어들었다. 그 후 십수 년간 큰 변화가 없었지만 2010년부터 다시 다소 감소세를 보이며 2019년도에는 4.8건을 기록하였다.

1,000명당 결혼 건수, 1970~2020년

출처: OECD
주: 일본은 2019년도 자료까지 수록

평균적인 초혼 연령은 한일 두 나라 모두에서 점차 올라가는 추세인 가운데 우리나라의 초혼 연령이 일본보다 높아졌다.

1990년의 경우 평균 초혼 연령이 한국 남성 27.8세, 한국 여성 24.8세, 일본 남성 28.4세, 일본 여성 25.9세로 일본이 남녀 공히 약 한 살 정도 한국보다 높았다. 하지만 2020년 일본 남성과 일본 여성은 각각 평균적으로 31세와 29세에 초혼을 한 반면, 동년 한국의 경우는 남성은 33세 여성은 31세에 초혼을 하여 남녀 모두 일본보다 두 살 늦게 결혼하는 것으로 나타났다.

평균 초혼 연령, 1990~2020년

출처: OECD

같이 높아지는 출산 연령

여성이 첫 아이를 출산하는 평균 연령은 1995년도의 경우 한국과 일본 각각 26.5세와 27.5세로 20대 중반이었으나 2020년에 이르러 동 연령이 한국 32.3세 일본 30.7세로 양국 모두에서 30대 초반으로 높아졌다. 2000년대 초반까지는 한국의 초산 연령이 일본보다 다소 낮았으나 2000년대 중반 이후부터는 일본보다 높아진 모습을 보이고 있다.

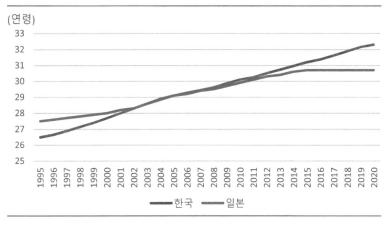

평균 초산 연령, 1995~2020년

출처: OECD

  전체 출산아 중 출산 당시 법적으로 결혼 상태가 아닌 여성에게
서 태어난 자녀의 비율인 혼외 출산율은 한국과 일본 양자 모두에
서 증가세를 보이고 있긴 하지만 OECD 국가들 중에서는 가장 낮
은 수준을 보여 준다. 1995년과 2018년 OECD 28개국 평균 혼외

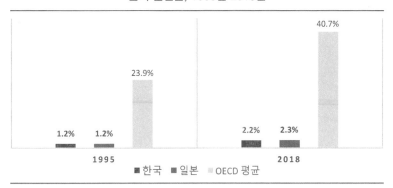

혼외 출산율, 1995년 2018년

출처: OECD

출산율은 각각 23.9%와 40.7%인데 비해 1995년 한일 양국의 혼외 출산율은 동일하게 1.2%였으며 2018년에는 한국 2.2% 일본 2.3%를 기록하였다.

이혼 건수는 한국이 다소 높음

인구 천명당 이혼 건수는 한국과 일본 두 나라 모두에서 2000년대 초반까지 상승하였다가 그 후 하락하는 경향을 보이고 있는 가운데 1990년대 중반부터 한국이 일본보다 더 많은 천명당 이혼 건수를 보여 주고 있다. 좀 더 구체적으로, 1970년의 경우 천명당 이혼 건수가 한국 0.4건 일본 0.9건으로 일본이 한국의 두 배 정도의 수준이었으나 그로부터 26년 후인 1996년 한국이 1.7건 일본이 1.66건을 기록한 이래 한국이 일본보다 줄곧 더 높은 수치를 보이고 있다.

1,000명당 이혼 건수, 1970~2020년

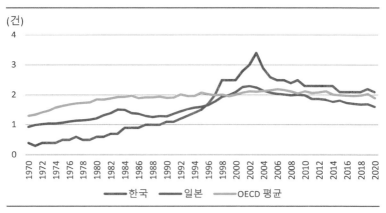

출처: OECD

2020년 천명당 이혼 건수는 한국이 2.1건 일본이 1.6건으로 한국의 동 수치는 OECD 평균인 1.9건보다 약간 높은 반면 일본은 그보다 조금 낮았다.

한편 한국의 2018년도 자료와 일본의 2017년도 자료를 비교하여 양국의 이혼 시기의 분포를 살펴 보면 두 나라는 상당히 다른 모습을 보인다. 우리나라의 경우는 20년 이상 결혼 생활 이후의 이혼이 전체 이혼 중 33%에 달하며 가장 높은 비율을 보인 반면, 일본은 1년부터 4년 이하의 결혼 기간 중 이혼이 전체의 25%로 제일 큰 비중을 차지하였다. 일본의 경우 20년 이상 결혼 생활 후의 이혼은 전체 이혼의 18%를 기록하였다. 전체 이혼 중 결혼 1년 미만 이혼의 비율은 한국이 4% 일본이 6%로 양국 모두 OECD 회원국 평균인 0.8%에 비하여 꽤 높은 수치를 보였다.

결혼 기간별 이혼 분포(%)

	1년 미만	1~4년	5~9년	10~14년	15~19년	20년 이상	미상
한국(2018년)	3.5	17.9	18.5	14.3	12.5	33.4	0.0
일본(2017년)	6.1	25.2	19.9	13.3	10.8	18.0	5.3
OECD 평균	0.8	16.2	22.8	17.7	13.5	28.3	1.3

출처: OECD
주: OECD 평균은 32개국 평균이며 동 계산에 사용된 대다수 회원국의 자료는 2017년도 자료이나 한국을 포함한 8개국의 자료는 여타 년도의 자료임

자녀 수에 따른 이혼 구성의 분포 역시 한국과 일본은 다소 상이한 양태를 보여 준다. 전체 이혼 중 자녀가 없는 부부의 이혼과 자녀가 있는 부부의 이혼 비율은 한국은 각각 53%와 47%로 전자가 6% 높았으나 일본은 각각 42%와 58%로 후자가 16% 높았다. 하

지만 두 나라 모두 공통적으로 자녀의 수가 늘어날수록 이혼이 감소하는 모습을 보인다. 3명 이상의 자녀를 둔 부부의 이혼이 전체 이혼에서 차지하는 비중은 한국 3% 일본 9%이다.

자녀 수에 따른 이혼 분포(%)

	자녀가 없는 경우	자녀가 있는 경우				미상
		전체	1명	2명	3명 이상	
한국(2018년)	53.0	47.0	24.8	17.2	3.4	1.6
일본(2017년)	41.9	58.1	26.9	22.2	9.0	

출처: OECD

가정 폭력에는 한국이 좀 더 관대

OECD는 2010년과 2017년 사이에 15세부터 49세의 여성을 대상으로 남편의 폭력을 정당하다고 여기는 부인의 비율을 조사한 적이 있다.

동 조사 결과 남편의 폭력을 정당하다고 보는 부인의 비율은 일본의 경우 9%로 OECD 평균 비율인 8% 비슷하였다. 그러나 우리나라의 동 비율은 그보다 상당히 높은 18%로 나타났다.

이 조사에서 우리나라보다 높은 비율을 보인 국가는 남아프리카공화국(61%), 인도네시아(34%), 러시아(23%), 독일(20%), 인도(22%) 등 5개국에 불과하다.

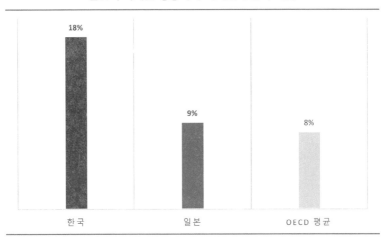

남편의 폭력을 정당하게 여기는 부인의 비율

18% 한국
9% 일본
8% OECD 평균

출처: OECD
주: 15~49세 부인을 대상으로 2010~2017년 동안에 조사

일하는 엄마의 비율은 일본이 높아

OECD 자료에 따르면 한일 양국 모두 자녀를 둔 여성의 취업률이 증가하는 추세이며 한국보다 일본이 다소 높은 수치를 보인다. 일본은 1998년의 경우 자녀를 둔 전체 여성 중 그 절반에 못미치는 45%의 여성만이 직업을 갖고 있었으나 2018년에는 그 비율이 71%까지 올라갔다. 한국의 동 비율은 2016년 55%로부터 2019년 57%로 소폭 상승하였지만 일본과는 여전히 큰 격차를 보였다.

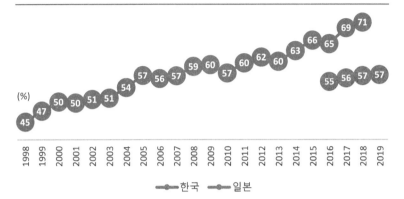

자녀를 둔 여성의 취업률, 1998~2019년

출처: OECD
주: 한국은 한 명 이상의 0~17세의 자녀를 둔 15~54세의 여성, 일본은 한 명 이상의
    0~14세 자녀를 둔 15세 이상의 여성을 대상으로 조사. 일본은 2018년도 자료까지
    수록

한편 한국과 일본 두 나라 모두 자녀의 연령이 높아질수록 여성
의 취업률이 증가하는 모습을 보였다. 2019년도 한국 여성의 취업
률은 자녀의 나이가 0~2세일 경우 49%, 3~5세 사이일 경우 61%,
6~14세 사이일 경우 66%를 나타냈다. 일 년 전인 2018년 일본 여
성은 자녀의 나이가 0~2세일 경우 55%, 3~5세일 경우 69%, 6~14
세일 경우 78%의 취업률을 보였다.

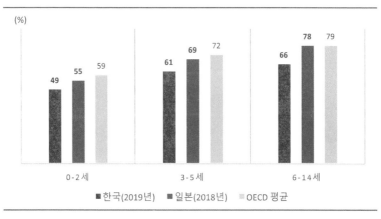

자녀 연령에 따른 여성의 취업률

(%)

	한국(2019년)	일본(2018년)	OECD 평균
0-2세	49	55	59
3-5세	61	69	72
6-14세	66	78	79

■ 한국(2019년) ■ 일본(2018년) ▨ OECD 평균

출처: OECD
주: 한국은 한 명 이상의 0~17세의 자녀를 둔 15~54세의 여성, 일본은 한 명 이상의
0~14세 자녀를 둔 15세 이상의 여성을 대상으로 조사

여성의 관리직 및 국회 진출은 최근 한국이 다소 높아

관리직 여성의 비율은 2009년 당시 한국 9% 일본 11%로 일본이 약간 높았다. 그러나 우리나라이 동 비율은 2010년데 후반부디 꾸준히 상승하며 2021년 16%를 기록한 반면 2018년과 2019년 15%에 다다를 때까지 오름세를 보이던 일본의 동 비율은 2020년 13%로 하락하는 모습을 보였다.

관리직 여성 비율, 2009~2021년

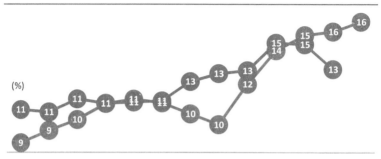

출처: 한국 통계청
주: 일본은 2020년도 자료까지 수록

한편 국회의원 중 여성의 비율은 2000년도의 경우 한일 양국 모두 매우 낮아 한국은 4% 일본은 5%에 불과하였다. 하지만 한국의 여성 국회의원 비율은 2005년 13%로 상승하였으며 그 후로도 지속적으로 올라 2021년과 2022년 19%에 이르렀다. 그러나 일본은

여성 국회의원 비율, 2000~2022년

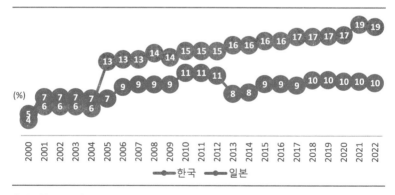

출처: 한국 통계청

2010년대 초반 동 비율이 11%를 기록한 후 하락하여 2018년부터 2022년 기간 중에는 10%에 머물렀다.

이동전화 가입자는 한일 모두 지속적으로 증가

이동전화 서비스 가입자 수는 한일 두 나라 모두에서 꾸준히 늘어나고 있다. 2000년의 경우 한국은 100명 중 57명 일본은 100명 중 53명만이 이동전화 서비스에 가입하였으나 한국은 2010년 일본은 한 해 후인 2011년도에 그 수가 100명을 넘게 되어 한 명이 하나 이상의 이동전화 서비스에 가입한 것으로 나타났다. 2021년 100명 당 이동전화 서비스 가입자 수는 한국 141명 일본 161명으로 집계 되었다.

100명당 이동전화 가입자 수, 2000~2021년

출처: 한국 통계청

비슷해진 인터넷 이용률

2000년도 당시 인터넷 이용률은 한국 45% 일본 30%로 우리나라가 일본보다 상당히 높은 수치를 보였다. 그러나 그 후 양국의 인터넷 이용률의 지속적인 상승과 더불어 두 나라 간 격차는 상당히 줄어 들었다. 2021년 한국의 인터넷 이용률은 98%, 2020년 일본의 인터넷 이용률은 90%를 기록하였다.

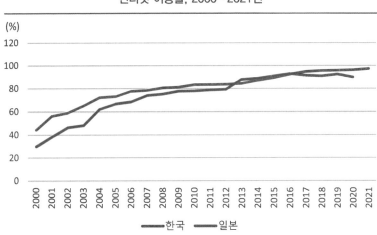

인터넷 이용률, 2000~2021년

출처: 한국 통계청
주: 일본은 2020년도 자료까지 수록

초고속 인터넷 고정 가입자인 고정 광대역broadband 가입자 역시 한일 양국에서 꾸준히 증가하였다. 구체적으로, 2000년부터 2021년의 기간 동안 100명당 고정 광대역 가입자 수가 한국은 8명에서 44명으로 일본은 1명에서 36명으로 늘어 났다. 그러나 동 수치에서 보이듯 고정 광대역 가입자 수의 한국과 일본의 차이는 지속되고 있다.

100명당 고정 광대역 가입자 수, 2000~2021년

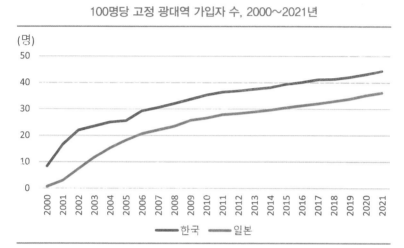

출처: 한국 통계청

개인용 컴퓨터 보유율은 양국 모두 하락

가정에서 사용하는 개인용 컴퓨터를 1대 이상 보유한 가구 수는 한일 양국 모두 2010년대를 거치며 감소세를 보였다. 우리나라의 개인용 컴퓨터 보유율은 2012년도에 최고치인 82%를 기록한 후 점차 하락하여 2010년대 말과 2020년 72%로 떨어졌다가 2021년도에 다소 반등하며 74%를 기록했다. 일본도 2009년 87%로 정점을 찍은 후 보유율이 점차 줄어들어 2019년도에는 69%까지 내려갔으며 2020년에는 70%에 머물렀다

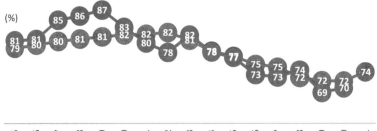

가정용 컴퓨터 보유율, 2005~2021년

출처: 한국 통계청
주: 일본은 2020년도 자료까지 수록

비슷해진 음주량

알코올 음료 소비량으로 측정한 한국과 일본의 1인당 연간 음주량은 1964년도의 경우 양국 모두 5.2리터로 동일한 수치를 보였다. 그러나 한국인의 음주량은 그 후 1970년대까지 급속히 증가하여 1973년도에는 1인당 연간 음주량이 16.8리터까지 치솟았다. 하지만 그 때부터 음주량이 점차 감소하기 시작하여 1993년도에는 8.7리터까지 떨어졌으며 2010년대 후반부터 조금 더 내려가 2020년도는 7.9리터를 기록하였다.

한편 일본의 1인당 연간 음주량은 1993년도에 최고치인 9.2리터까지 점진적으로 오른 이후 다소 줄어들고 있는 추세로 2020년도 1인당 연간 음주량은 6.7리터였다.

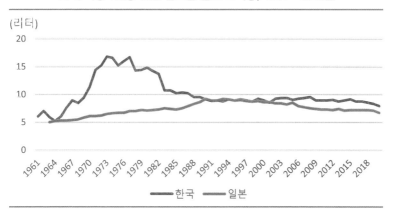

15세 이상 1인당 연간 알코올 음료 소비량, 1961~2020년

(리터)

한국 일본

출처: 한국 통계청

남성 흡연율은 한국이 여성 흡연율은 일본이 높아

담배를 피우는 흡연자의 비율은 한국과 일본 양국 공히 남녀 모두에서 점차 감소하는 추세이며, 남성 흡연율은 한국이 여성 흡연율은 일본이 높게 나타났다.

한국 남성의 흡연율은 1995년도의 경우 무려 73%에 달했지만 2018년도에는 38%까지 하락하였다. 한국 여성의 흡연율은 1995년도 6%에서 2003년도 4%로 조금 감소하였지만 그 후로는 큰 변화가 없어 2018년도에도 4%를 유지하였다.

일본 남성은 1995년도 당시 절반 가량인 53%가 흡연자였지만 2018년에는 29%까지 흡연자 비율이 떨어졌다. 일본 여성의 흡연율은 1995년도부터 2018년도 사이 11%에서 8%로 3% 내려갔다.

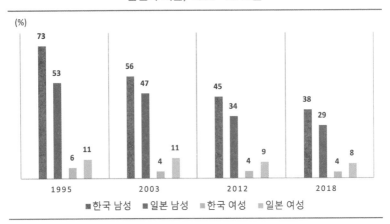

흡연자 비율, 1995~2018년

(%)

	1995	2003	2012	2018
한국 남성	73	56	45	38
일본 남성	53	47	34	29
한국 여성	6	4	4	4
일본 여성	11	11	9	8

■한국 남성　■일본 남성　■한국 여성　■일본 여성

출처: 한국 통계청, OECD
주: 한국은 2012년도 자료까지는 20세 이상 2018년도 자료는 19세 이상 남녀 인구 중 매일 흡연하는 인구의 비율을 조사하였으며, 일본은 15세 이상 남녀 인구를 대상으로 조사

비만 인구는 한일 모두 증가세

15세 이상 인구 중 비만자의 비율은 한일 두 나라 모두에서 대체로 증가하는 경향을 보이고 있다.

한국 남성의 비만 인구 비율은 1998년도의 경우 1.6%에 불과하였으나 2019년도에는 6.2%까지 상승하였다. 한국 여성의 비만 인구 비율도 동 기간 2.7%에서 5.5%로 올라갔다.

일본 남성의 비만 인구 비율 역시 1998년도 2.4%에서 2019년도 5.5%로 늘어났다. 한편 일본 여성의 경우는 1998년 3.6%였던 비만 인구 비율이 2015년도의 경우 3.1%까지 내려갔지만 2019년도에는 3.8%로 다소 증가하였다.

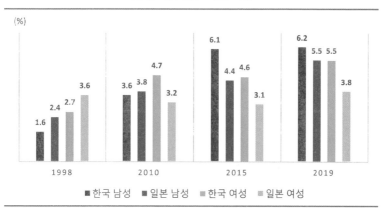

15세 이상 인구 비만 비율

출처: 한국 통계청

의료 종사자 수의 차이는 줄어

한국과 일본의 의료 종사자의 수를 의사의 경우부터 살펴보면, 양국 모두 의사의 수가 1981년도부터 2020년도까지 꾸준히 증가하는 가운데 두 나라의 격차는 감소하는 모습을 보였다. 우리나라의 인구 천명당 의사 수는 1981년 0.5명에 불과하였으나 2020년 2.5명으로 동 기간 5배 증가하였다. 증가세가 한국처럼 크지는 않았지만 일본 역시 같은 기간 인구 천명당 의사 수가 1.3명에서 2.6명으로 늘어났고, 한국과의 차이는 0.8명에서 0.1명으로 하락하였다. 참고로 2019년 미국의 천명당 의사 수는 2.6명이었다.

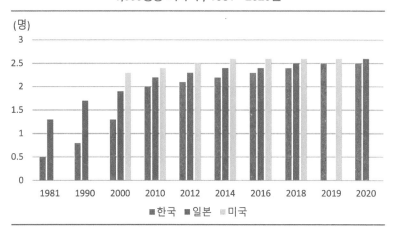

1,000명당 의사 수, 1981~2020년

출처: 한국 통계청
주: 의료활동 중인 의사 수. 2019년도 일본 자료 부재. 미국은 2019년도 자료까지 수록

치과의사의 경우는 1981년 당시 인구 천명당 수가 한국은 0.1명 일본은 0.5명으로 0.4명의 차이가 있었으며 2020년 한국은 0.5명

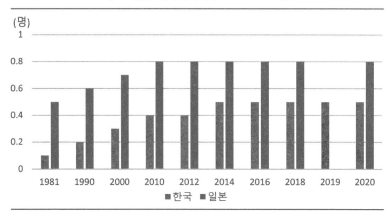

1,000명당 치과의사 수, 1981~2020년

출처: 한국 통계청
주: 의료활동 중인 치과의사 수. 2019년도 일본 자료 부재

으로 일본은 0.8명으로 그 수가 늘어 양국 간 차이는 0.3명으로 조금 감소하였다.

마지막으로 인구 천명당 간호사의 수를 보면, 2010년 한국은 4.6명 일본은 10.1명을 기록하여 두 나라 간 5.5명의 차이가 있었다. 그 후 양국 모두에서 그 수가 점증하여 2020년 한국은 8.4명 일본은 12.1명이 되었으며 한일 간 격차는 3.7명으로 줄어들었다.

1,000명당 간호사 수, 2010~2020년

출처: 한국 통계청
주: 의료활동 중인 간호사와 면허자(자격등록자) 모두 포함. 2019년도 일본 자료 부재

교통사고 사망자 수는 한국이 높아

교통사고 건수 자체는 일본이 한국보다 많으며, 한국은 2021년 230,130건 일본은 2019년 381,237건의 교통사고가 보고되었다.

교통사고 건수

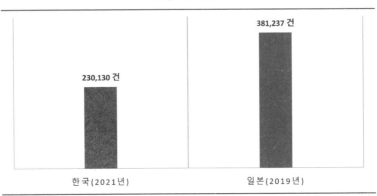

출처: 한국 교통사고분석시스템

하지만 자동차 1만 대당 사망자 수는 우리나라가 일본보다 2배 이상 높아 한국은 2021년 1명, 일본은 2019년 0.4명이었다.

자동차 1만 대당 사망자 수

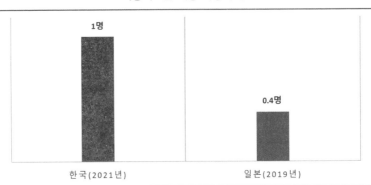

출처: 한국 교통사고분석시스템

치명적 산업재해도 한국이 많아

우리나라의 산업재해 발생 건수는 과거 30여 년간 크게 줄어들었지만 아직도 일본보다 다소 높은 수치를 보이고 있다. 보다 구체적으로 산업재해 발생일로부터 1년 이내에 사망이 발생한 산업재해를 일컫는 '치명적 산업재해' 수를 살펴보면, 한국 근로자 10만 명당 동 건수는 1994년도의 경우 무려 34.1건에 달하였으나 그 후 2020년도에 이르러 4.6건까지 감소하였다. 하지만 이는 동년 1.3건을 기록한 일본의 3배 이상의 수치이다.

근로자 10만 명당 치명적 산업재해 수, 1991~2020년

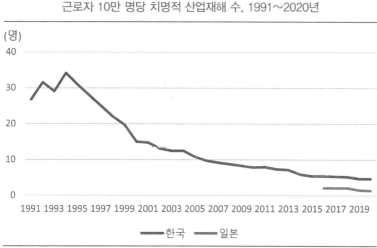

출처: 한국 통계청

한일 모두 매우 안전한 나라

범죄 발생 건수 중 10만 명당 살인 피해자의 수는 2020년도의 경우 한국 0.6명 일본 0.3명으로 양국 모두 전 세계적으로 매우 안전한 나라로 손꼽힌다.

참고로 동년 10만 명당 살인 피해자 수의 전 세계 평균은 5.6명, 북남미와 아프리카 평균은 무려 15.7명과 12.1명, 유럽과 오세아니아 평균은 각각 2.6명과 3.1명, 아시아 평균도 2명에 달한다.

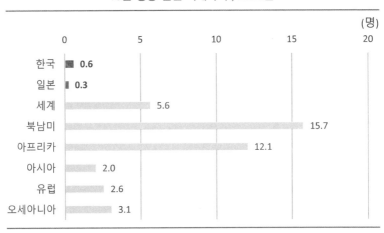

10만 명당 살인 피해자 수, 2020년

출처: 유엔 마약 범죄 사무소(United Nations Office on Drugs and Crime)

자살 건수는 한국이 높아져

자살 건수는 1985년도의 경우 한국은 10만 명당 11명 일본은 10

만 명당 22명으로 한국이 일본의 절반 정도의 수준이었다. 하지만 한국의 자살자 수는 1990년대와 2000년대를 거치면서 급격히 늘어 2009년도에는 10만 명당 무려 34명에 이르렀다. 그 후 자살자 수가 감소하기 시작하여 2020년도에는 24명의 수준으로 내려갔다.

일본의 자살자 수는 2000년대에는 큰 변화가 없었다. 그러나 일본도 한국과 유사하게 2010년도부터 자살자 수가 줄어들기 시작하여 10만 명당 자살자 수가 2019년도 15명까지 감소하였다.

그러나 한일 양국 모두 자살자 수가 매우 큰 국가로 한국은 OECD 회원국들 가운데 10만 명당 자살자 수가 가장 많으며 일본도 그 수가 7번째로 큰 나라이다.

10만 명당 자살 건수, 1985~2020년

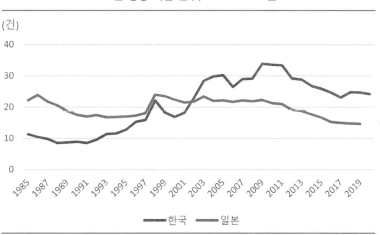

출처: OECD
주: 일본은 2019년도 자료까지 수록

행복지수는 양국 모두 하락

유엔 산하 자문기구인 지속가능발전해법네트워크Sustainable Development Solutions Network는 2012년부터 세계 각국 국민들의 행복 정도를 정량화하여 조사한 '행복지수Happiness Index'를 『세계 행복보고서World Happiness Report』에 발표하고 있다. 동 지수는 1인당 GDP, 사회적 지원, 건강기대수명(기대수명에서 질병 및 장애 기간을 제외한 수명), 자유의 수준, 관용의 정도, 부패 수준에 대한 인식 등 6개 항목의 조사를 토대로 작성된다.

동 지수가 처음 발표된 2012년도 한국과 일본은 각각 세계 56위와 44위에 올랐으나 그 후 10년 후인 2022년도에는 한국이 59위 일본이 54위를 차지하며 각자 순위가 3계단과 10계단 하락하는 모습을 보였다.

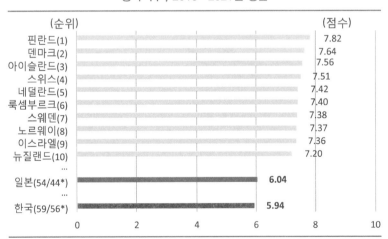

'행복지수', 2019~2021년 평균

출처: 『세계 행복보고서』(2012, 2022)
주: *는 2012년도 발표 순위

도서관과 미술관은 일본이 박물관은 한국이 많아

　전국 공공도서관의 개수는 2020년 한국 1,172개, 2018년 일본 3,360개로 일본이 우리나라보다 약 3배 정도 많다.

공공도서관 수

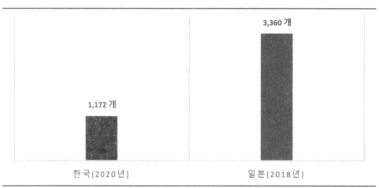

출처: 한국 통계청, 일본 총무성 통계국

　공공도서관 이용자들이 1년 동안 대출하는 도서의 수도 2020년 한국 약 1억 1,772만 권, 2018년 일본 약 6억 5,379만 권으로 일본의 도서관 이용자들이 대출하는 도서 수가 우리나라보다 5배 이상 높았다.

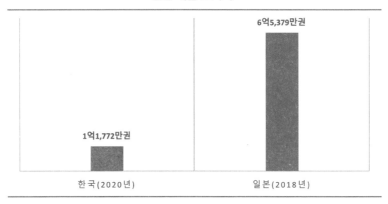

연간 대출 도서 수

6억5,379만권

1억1,772만권

한국(2020년)　　　　일본(2018년)

출처: 한국 통계청, 일본 총무성 통계국

　미술관의 경우는 한국은 2021년도에 총 271개, 일본은 2018년도에 총 453개의 미술관이 등록되어 있었다.

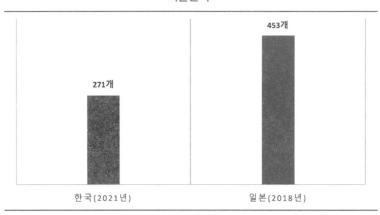

미술관 수

453개

271개

한국(2021년)　　　　일본(2018년)

출처: 한국 통계청, 일본 총무성 통계국

　마지막으로 한국은 2021년도 900개의 등록된 박물관이 있었으며 일본은 2018년도 종합박물관, 과학박물관, 역사박물관, 야외박물관을 합쳐 모두 744개의 박물관이 있었다.

박물관 수

출처: 한국 통계청, 일본 총무성 통계국

영화 제작 편수는 일본이 좀 더 많아

한 해 동안 자국에서 제작된 장편 영화 편수는 2010년대 초반과 중반 일본이 한국보다 더 많았지만 양국 간 격차는 줄어드는 추세를 보였다. 2017년도의 경우 한국은 494편 일본은 594편의 장편 영화를 제작하였다.

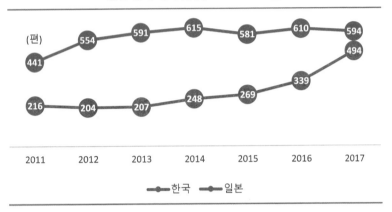

장편 영화 제작 편수, 2011~2017년

(편)

441 · 554 · 591 · 615 · 581 · 610 · 594

216 · 204 · 207 · 248 · 269 · 339 · 494

2011 2012 2013 2014 2015 2016 2017

한국 ● 일본

출처: 유네스코

한편 영화 관람료의 평균 가격은 2017년도 기준 한국 6.9달러 일본 11.7달러로 일본이 우리나라보다 1.7배 가량 비싼 것으로 나타났다.

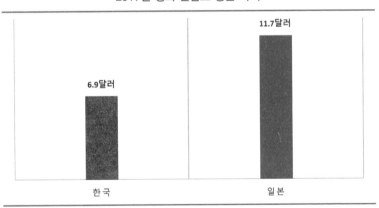

2017년 영화 관람료 평균 가격

11.7달러

6.9달러

한국   일본

출처: 유네스코

FIFA 랭킹은 일본이 상위

FIFA국제축구연맹 랭킹은 현재까지 대체로 일본이 우리나라보다 다소 상위에 위치하지만, 순위 변화의 추이는 양국이 매우 비슷하여 양국의 순위가 같이 오르거나 내려가는 경우가 많았다. 2021년 12월 기준 한국은 FIFA 랭킹 33위, 일본은 26위를 기록하였다.

FIFA 랭킹, 1992~2021년(12월 기준)

출처: FIFA

외래 관광객은 최근 일본이 더 늘어

2000년도에 한일 양국을 방문한 외래 관광객 수는 한국이 532만 명 일본이 476만 명으로 한국이 다소 많았다. 그 후 양국을 방문하는 외래 관광객 수는 2019년 말 코로나19 발생 이전까지 꾸준히 증가하였으며, 특히 일본은 2010년대 초반부터 외래 관광객이 급격히 늘어 2019년 3,220만 명의 외래 관광객이 일본을 찾았다. 같은 해 우리나라를 방문한 외래 관광객 수는 일본의 약 54% 수준인 1,750만 명이었다.

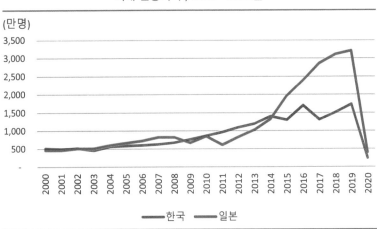

외래 관광객 수, 2000~2020년

출처: 한국 통계청

해외 관광객 수는 한국이 일본을 추월

2004년도의 경우 해외로 관광을 가는 인구는 한국 883만 명 일본은 거의 그 두 배인 1,683만 명이었다. 하지만 그 이후로 일본의 해외 관광객 수에는 큰 변화가 없었던 반면 우리나라 국민의 해외 관광은 2010년대부터 크게 증가하기 시작하였다. 코로나19 발생 이전인 2018년도 우리나라 해외 관광객의 수는 2,870만 명으로 일본의 1,895만 명의 약 1.5배 규모였다.

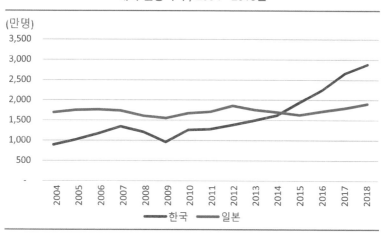

해외 관광객 수, 2004~2018년

출처: 한국 통계청

제5장

교육과 과학

경쟁하는 양국

땅과 사람
생각보다 큰 일본?
3.8

살림살이
비약하는 한국 정체된 일본
2.7

한국

한일 관계
더 멀어질까 가까워질까?
79:62

정치와 국방
유사한 모습을 보이는 두 나라
8.16:8.15

교육과 과학
경쟁하는 양국
7:8

사회와 문화
다르면서도 비슷한 한일 5.94:6.04

일본

GDP 대비 정부의 교육비 지출 비율은 한국이 더 커

　GDP 대비 정부의 교육비 지출액 규모는 2016년 한국 4.4% 일본 3.2%, 2018년 한국 4.5% 일본 3%로 동 기간 한국의 비율이 일본보다 높았다. 여기서 교육비는 교직원, 학교 건물, 교과서와 교재 등과 같은 핵심 교육 제품 및 서비스, 그리고 그 외의 부가적인 교육 제품 및 서비스에 대한 지출을 포함한다.

GDP 대비 정부 재원 교육비 비율

출처: 한국 통계청

　교육 단계별로 연간 학생 1인당 지출되는 공교육비를 살펴보면, 2018년을 기준으로 초등학교는 한국 12,535달러 일본 8,977달러, 중학교는 한국 13,775달러 일본 10,786달러, 고등학교는 한국 16,024달러 일본 11,838달러로 한국이 일본보다 많은 공교육비를 지출하였다. 그러나 대학교의 경우는 한국 11,290달러, 일본 19,309달러로 일본의 지출이 한국보다 컸다.

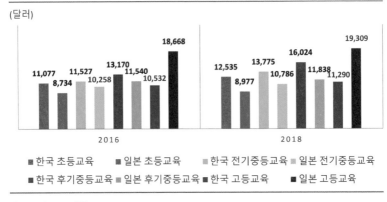

교육 단계별 연간 학생 1인당 공교육비

(달러)

2016
- 11,077
- 8,734
- 11,527
- 10,258
- 13,170
- 11,540
- 10,532
- 18,668

2018
- 12,535
- 8,977
- 13,775
- 10,786
- 16,024
- 11,838
- 11,290
- 19,309

■ 한국 초등교육   ■ 일본 초등교육   ▨ 한국 전기중등교육 ▨ 일본 전기중등교육
■ 한국 후기중등교육 ■ 일본 후기중등교육 ■ 한국 고등교육   ■ 일본 고등교육

출처: 한국 통계청

학업성취도는 양국이 경합 중

OECD는 의무교육이 끝나는 15세 학생들을 대상으로 수학, 과학, 읽기 및 통합교과적인 문제 해결 능력을 측정하는 시험인 PISA Programme for International Student Assessment를 2000년도부터 매 3년마다 실시하고 있다. PISA 점수는 평균이 500점이고 표준편차가 100인 표준점수이다.

한국과 일본 남학생들의 PISA점수를 수학시험부터 살펴보면, 2006년 2009년 2012년 시험까지는 한국 학생의 성적이 우수하였지만, 2015년과 2018년 시험에서는 일본 학생들이 더 높은 점수를 취득하였다. 과학 분야는 2009년 시험을 제외한 2006년 2012년 2015년 2018년 시험 네 차례 모두에서 일본 학생들의 점수가 한국 학생들 점수보다 높았다. 읽기 능력은 2006년 2009년 2018년 시험에서는 한국 학생들이, 2012년과 2015년 시험에서는 일본 학생들이 더 좋은 점수를 얻었다.

남학생 PISA 점수, 2006~2018년

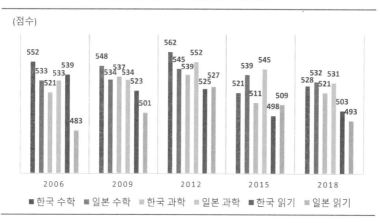

출처: 한국 통계청

여학생들의 경우는, 우선 수학 분야를 보면 최근으로 올수록 한일 양국 간의 차이가 줄어드는 추세를 보이기는 하지만 2006년부터 2018년 간의 모든 시험에서 한국 학생들이 일본 학생들보다 우수한 성적을 거두었다. 과학에서는 반대로 모든 시험에서 일본 학생들이 한국 학생들보다 상위 점수를 얻었다. 한편 읽기 영역은 2012년 시험에서는 일본 학생들이, 2006년 2009년 2015년 2018년 시험에서는 한국 학생들이 더 높은 점수를 취득하였다.

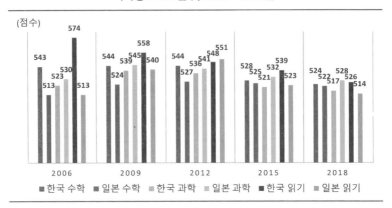

여학생 PISA 점수, 2006~2018년

출처: 한국 통계청

대학 수는 일본이 4배이나 대학 졸업자 비율은 한국이 높아

한국과 일본의 일반 대학교 수를 비교하면, 한국은 2022년 기준 190개 일본은 2021년 기준 803개로 일본이 한국의 4배 이상이다.

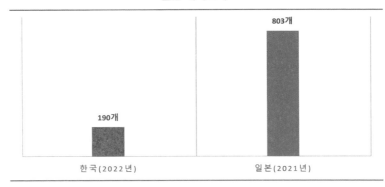

일반 대학교 수

출처: 한국 통계청, 일본 문부과학성

한편 일반 대학교 재학생 총수는 2022년도 한국은 1,888,699명 2021년도 일본 2,917,998명으로, 양국 간 대학교 수의 큰 격차에 비하여 양국의 대학생 수의 차이는 상대적으로 적어 일본이 우리 나라보다 약 1.5배 정도 많았다.

일반 대학교 재학생 수

출처: 한국 통계청, 일본 문부과학성

대학 졸업자의 나이에 해당하는 전체 인구 중 대학 졸업자가 차지하는 비율은 한국이 일본보다 다소 높으며, 한국은 2020년도 54% 일본은 2018년도 48%를 보였다.

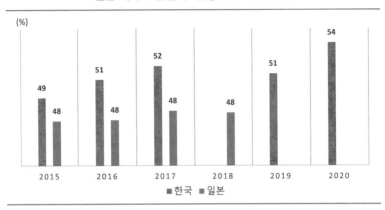

일반 대학교 졸업자 비율, 2015~2020년

출처: 유네스코
주: 일본은 2018년도 자료까지 수록. 2018년도 한국 자료 부재

　이상의 일반 대학교 졸업자 비율을 성별로 나누어 살펴보면, 우리나라는 여성의 대학 졸업자 비율이 남성보다 높은 반면 일본은 반대로 남성 대학 졸업자 비율이 여성보다 더 높았다. 2020년도의 경우 한국의 남성 대학 졸업자의 비율은 50%였으며 여성 대학 졸업자의 비율은 그보다 7% 높은 57%였다. 일본은 2018년도 남성 대학 졸업자 비율이 50%로 46%인 일본 여성 대학 졸업자 비율보다 4% 높았으며, 한 해 후인 2019년 한국 남성보다도 2% 높은 수치를 보였다. 하지만 동 수치는 그 이전 년도인 2017년 한국 여성의 대학 졸업자 비율인 56%보다는 6% 낮았다.

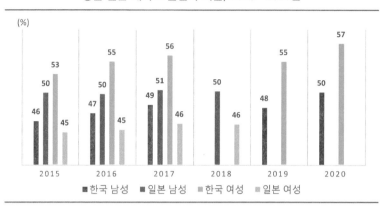

성별 일반 대학교 졸업자 비율, 2015~2020년

출처: 유네스코
주: 일본은 2018년도 자료까지 수록. 2018년도 한국 자료 부재

세계 대학 순위는 변화 중

현재 다수의 세계 대학 순위 조사가 발표되고 있는데 여기서는 그들 중 대중 매체에 자주 인용되는 영국의 타임스 고등교육Times Higher Education(THE)이 작성하는 'THE 세계대학순위'와 역시 영국의 대학평가기관인 QS가 발표하는 'QS 세계대학순위'를 중심으로 살펴보도록 한다.

THE 세계대학순위는 교육(30%), 연구(30%), 논문 인용(30%), 국제화 수준(7.5%) 및 산학 협력(2.5%) 등 5개 분야를 평가하여 대학의 순위를 매긴다. 반면 QS 세계대학순위는 학문적 평판(40%), 기업체로부터의 평판(10%), 교원 대 학생 비율(20%), 교원 한 명당 논문 인용 빈도(20%), 외국인 교원 비율(5%), 외국인 학생 비율(5%) 등 6개 영역을 조사하여 대학의 순위를 정한다.

먼저 THE 세개대학순위를 알아보면, 2011년도 조사의 경우 한국은 포항공과대학교, 한국과학기술원(카이스트), 서울대학교와 연세대학교 등 총 4개 대학이 상위 200위에 포함되었으며 이들 대학의 순위는 각각 28위, 79위, 109위와 190위였다. 같은 해 일본은 도쿄대학, 교토대학, 도쿄공업대학, 오사카대학, 도호쿠대학 등 모두 5개 대학이 상위 200위에 올랐으며 이들은 각각 26위, 57위, 112위, 130위, 132위를 기록하였다.

그 후 11년 후인 2022년 THE 세계대학순위 조사에서 상위 200위에 포함된 한국의 대학은 서울대학교, 한국과학기술원, 성균관대학교, 연세대학교, 울산과학기술원(UNIST), 포항공과대학교 등 6개로 늘었으며 이들 대학은 각각 54위, 99위, 122위, 151위, 178위, 185위를 차지하였다. 반면 동년 조사에서 상위 200위에 들은 일본 대학의 수는 크게 줄어들어 35위를 차지한 도쿄대학과 61위에 오른 교토대학 등 단 두 개 대학만이 이름을 올렸다.

THE 세계대학순위, 2011년 2022년

2011		2022	
도쿄대학	26	도쿄대학	35
포항공과대학교	28	서울대학교	54
교토대학	57	교토대학	61
한국과학기술원(카이스트)	79	한국과학기술원(카이스트)	99
서울대학교	109	성균관대학교	122
도쿄공업대학	112	연세대학교	151
오사카대학	130	울산과학기술원(UNIST)	178
도호쿠대학	132	포항공과대학교	185
연세대학교	190		

출처: THE 세계대학순위

QS 세계대학순위의 경우는 한일 양국 모두 THE 세계대학순위보다 좀 더 많은 수의 대학들이 상위 200위에 올랐다. 2011년 조사의 경우 한국은 서울대학교, 한국과학기술원, 포항공과대학교, 연세대학교, 고려대학교 등 총 5개 대학이 포함되었으며 이들 대학의 순위는 각기 42위, 90위, 98위, 129위, 190위였다. 동 조사에서 일본은 도쿄대학 25위, 교토대학 32위, 오사카대학 45위, 도쿄공업대학 57위, 도호쿠대학 70위, 나고야대학 80위, 규슈대학 122위, 홋카이도대학 139위, 와세다대학 185위, 츠쿠바대학 186위, 게이오대학이 188위를 차지하며 총 11개 대학이 상위 200위에 속하였다.

QS 세계대학순위, 2011년 2022년

2011		2022	
도쿄대학	25	도쿄대학	23
교토대학	32	교토대학	33
서울대학교	42	서울대학교	36
오사카대학	45	한국과학기술원(카이스트)	41
도쿄공업대학	57	도쿄공업대학	56
도호쿠대학	70	고려대학교	74
나고야대학	80	오사카대학	75
한국과학기술원(카이스트)	90	연세대학교	79
포항공과대학교	98	포항공과대학교	81
규슈대학	122	도호쿠대학	82
연세대학교	129	성균관대학교	97
홋카이도대학	139	나고야대학	118
와세다대학	185	규슈대학	137
츠쿠바대학	186	홋카이도대학	145
게이오대학	188	한양대학교	156
고려대학교	190		

출처: QS 세계대학순위

2022년의 조사에서는 상위 200위에 포함된 한국 대학의 수가 두 개 늘어 서울대학교, 한국과학기술원, 고려대학교, 연세대학교, 포항공과대학교, 성균관대학교, 한양대학교 등 7개 대학이 각각 36위, 41위, 74위, 79위, 81위, 97위, 156위에 선정되었다. 반면 일본은 세 개 대학이 줄어 모두 8개 대학이 포함되었으며 이들 대학과 그 순위는 도쿄대학 23위, 교토대학 33위, 도쿄공업대학 56위, 오사카대학 75위, 도호쿠대학 82위, 나고야대학 118위, 규슈대학 137위, 홋카이도대학 145위였다.

학문의 자유 지수는 한국이 높아

독일의 프리드리히 알렉산더 대학교Friedrich-Alexander-Universität 정치학 연구소와 앞서 언급한 스웨덴 예테보리 대학의 다양한 민주주의 연구소는 '학문의 자유 지수Academic Freedom Index'를 조사하여 발표하고 있다. 동 지수는 전 세계의 전문가 약 2천 명의 평가를 바탕으로 이루어진다. 이 지수는 '학문과 교육의 자유', '학문 교류와 발표의 자유', '대학의 자율성', '대학의 공정성', '학문과 문화의 표현의 자유' 등 다섯 가지의 평가 항목으로 구성된다.

동 지수에 의하면 2021년 말 기준 조사 대상 전체 177개국 중 한국은 48위로 상위 20~30% 그룹에 속한 반면, 일본은 95위를 차지하여 하위 40~50% 그룹에 포함되었다.

참고로 1위는 독일이었으며 나머지 상위 10개국은 순서대로 이탈리아, 라트비아, 슬로바키아, 스웨덴, 스위스, 에스토니아, 아르헨티나, 룩셈부르크, 벨기에가 이름을 올렸다.

'학문의 자유 지수' 순위, 2021년 12월

순위	국가	순위	국가
1	독일	8	아르헨티나
2	이탈리아	9	룩셈부르크
3	라트비아	10	벨기에
4	슬로바키아	…	…
5	스웨덴	48	한국
6	스위스	…	…
7	에스토니아	95	일본

출처: 『Academic Freedom Index: Update 2022』(Friedrich-Alexander-Universität Institute of Policy Science and V-Dem Institute, 2022)

미국 유학생은 한국이 더 많아

해외 유학생 가운데 미국에서 공부하는 학생의 수는 2000년대 초반까지 한일 양국 간에 그리 큰 차이가 없었으며 두 나라 모두 1970년대 말과 1980년대 초부터 그 수가 빠르게 늘어나기 시작하였다. 미국의 한국인 유학생 수는 1974년 3,390명에서 1999년 41,191명으로 급증하였으며, 일본인 유학생 수 역시 같은 기간 5,930명에서 46,872명으로 큰 폭으로 상승하였다.

하지만 2000년대 초반부터 일본인 미국 유학생 수는 빠른 속도로 감소하기 시작하여 2011년에는 19,966명으로 줄어들었다. 그 후에도 비록 감소세가 많이 둔화하기는 하였지만 일본인 미국 유학생 수는 꾸준히 하락하여 2020년 11,785명을 기록하였다.

반면 미국에서 유학하는 한국인 학생 수는 2000년대에도 계속적으로 늘어 2009년 75,065명으로 정점을 찍었다. 이후 그 수가 하락하여 2020년에는 39,491명까지 줄어들었으나 이는 동년 일본인 미국 유학생 수와 비교하여서는 거의 4배에 달하는 규모이다.

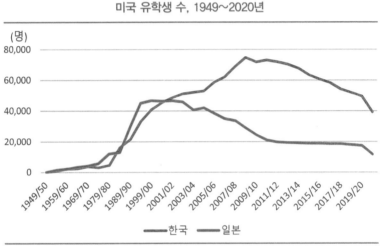

미국 유학생 수, 1949~2020년

출처: 국제교육협회(Institute of International Education)

GDP 대비 연구개발비 비율은 한국이 높아

GDP 대비 연구개발비 비율은 2009년까지는 일본이 한국보다 컸으나 2010년부터 한국이 일본보다 높아지기 시작하였다. 더욱이 우리나라의 GDP 대비 연구개발비 비율은 2010년대 동안 지속적으로 증가 추세를 보인 반면 일본의 동 비율은 2000년 경부터 큰 변화가 없어 양국 간의 차이가 계속적으로 벌어졌다.

그 결과 2020년 한국은 GDP의 4.8%에 달하는 자금을 연구개발비로 사용한데 비해 일본의 연구개발비 지출은 GDP의 3.3%에 머물렀다.

참고로 이러한 일본의 연구개발비 규모는 미국(3.5%) 및 독일(3.1%)과 유사한 수준이다.

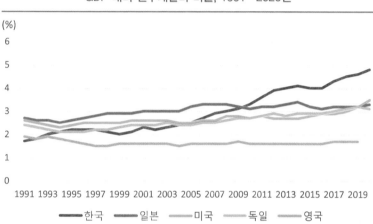

GDP 대비 연구개발비 비율, 1991~2020년

출처: 한국 통계청
주: 영국은 2019년도 자료까지 수록

감소하는 연구인력 규모 차이

한편 연구인력의 규모는 2020년 기준 한국 446,739명, 일본 689,889명으로 일본이 한국보다 약 1.5배 가량 많다.

하지만 일본의 연구원 수는 1996년에 이미 617,365명을 기록하였으며 그 후 20여년 기간 동안 큰 변화가 없었다. 반면 한국은 1996년 99,433명에 불과했던 연구원 수가 동 기간 약 4.5배 증가하였다는 점에 주목할 필요가 있다.

2020년 한국의 연구원 수는 같은 해 451,859명인 독일의 연구원 수와 거의 비슷하며, 전년도인 2019년 316,296명을 기록한 영국보다는 대략 1.4배 정도 큰 규모이다. 그러나 2019년 1,586,497명에 달한 미국의 연구인력 규모에는 한일 양국 모두 아직 크게 미치지 못하고 있는 실정이다.

연구원 수, 1996~2020년

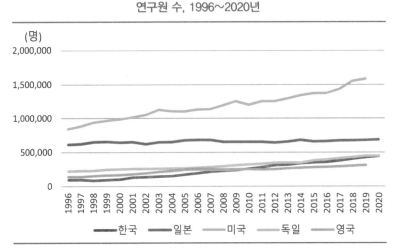

출처: 한국 통계청
주: 하프타임(half-time)으로 일한 사람은 0.5명으로 계산. 미국과 영국은 2019년도 자료까지 수록

인구 100만 명당 기초 연구, 응용 연구, 실험 등을 포함하는 연구개발에 종사하는 연구개발자 수를 살펴보면, 1996년도의 경우 한국 2,173명, 일본 4,875명으로 일본이 한국보다 두 배 이상 많았다.

하지만 2011년에 이르러 한국의 100만 명당 연구개발자 수는 일본을 추월하였고 이후 양국의 격차는 계속적으로 벌어지고 있는 상황이다. 2020년 한국의 100만 명당 연구개발자 수는 8,714명으로 5,455명을 기록한 일본의 약 1.6배 규모이다.

일본의 동 수치는 동년 5,393명의 독일과 유사하며 전년도인 2019년 각각 4,812명과 4,684명을 보인 미국과 영국보다는 높은 수준이다.

100만 명당 연구개발자 수, 1996~2020년

출처: 한국 통계청
주: 미국과 영국은 2019년도 자료까지 수록

특허 등록 건수 차이도 크게 줄어

한 나라의 등록 특허 건수는 그 국가의 연구개발 성과를 반영하는 지표 중 하나로 볼 수 있는데, 1980년 당시 한국과 일본의 등록 특허 건수는 각각 1,632건과 46,106건으로 일본이 한국의 약 28배에 달하였다.

그러나 한국의 특허 등록 건수는 1990년대 후반부터 빠르게 증가하기 시작하여 2020년 134,766건으로 늘어났다. 일본은 1990년대 초중반부터 2010년대 초반까지 등록 특허 수가 대폭 상승하여 2013년 277,079건으로 그 정점에 달하였으나 그 후 점차 하락하여 2020년도에는 179,383건으로 줄어 들었다. 이는 동년 한국 특허 등록 건수의 1.3배 정도의 규모이다.

이러한 한국과 일본의 특허 등록 건수는 같은 해 351,993건에 달한 미국에는 크게 미치지 못하는 수치지만 17,305건의 독일과 9,772건의 영국보다는 월등히 높은 수준이다.

특허 등록 건수, 1980~2020년

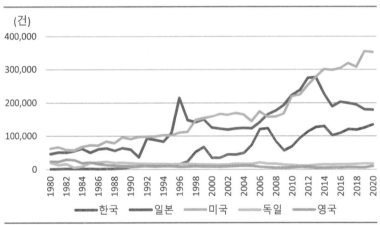

출처: 한국 통계청

지식재산권 수입은 일본이 높아

특허, 상표, 저작권, 산업 공정과 설계, 프랜차이즈 등과 같은 지적재산권을 사용하거나, 라이센스 계약을 통하여 제작된 책과 원고, 컴퓨터 소프트웨어, 영화 작품 등을 이용하는 권리를 갖기 위하여는 사용료를 지불하여야 한다.

이러한 지식재산권 사용료로 한국과 일본이 외국(비거주자)으로부터 얻은 수입은 1996년 한국 약 1억 8,500만 달러, 일본 약 66억 8,100만 달러로 일본의 수입 규모가 한국에 비해 압도적으로 컸다.

한국이 해외로부터 얻은 지식재산권 사용료 수입은 2021년 약 80억 7,000만 달러로 크게 상승하였지만, 이는 일본이 1999년 취득한 수입과 비슷한 수준이다. 2021년 일본이 외국으로부터 취득한 지식재산권 사용료는 약 481억 7,400만 달러로 동년 한국의 6배 가량의 규모이다.

하지만 이런 일본의 지식재산권 사용료 수입도 같은 해 약 1,248억 2,700만 달러를 벌어들인 미국의 39% 정도에 불과하다.

지식재산권 사용료 수입, 1996~2021년

출처: 한국 통계청

한편 해외로부터 수취한 지식재산권 사용료 수입으로부터 해외에 지급한 지식재산권 사용료를 차감한 지식재산권 순수입 규모를 보면, 한국은 1996년부터 2021년까지의 기간 동안 줄곧 적자를 보이고 있다. 2021년 한국의 적자액은 약 30억 5,900만 달러이다.

일본도 2000년대 초반까지는 적자를 기록하였으나 2003년도부터 흑자로 돌아선 후 2021년도까지 계속적으로 흑자를 내고 있다. 2021년 일본의 흑자액은 약 186억 3,700만 달러이다. 이는 동년 약 779억 7,800만 달러 흑자를 기록한 미국의 약 4분의 1, 376억 2,500만 달러를 기록한 독일의 약 절반 정도의 규모이지만 그해 약 56억 9,900만 달러 수입을 얻은 영국의 3배 가량에 달하는 수준이다.

지식재산권 사용료 순수입, 1996~2021년

출처: 한국 통계청

노벨상 수상자는 한국 1 대 일본 25

　한일 양국의 역대 노벨상 수상자 수를 알아보면, 2022년까지 한국은 2000년 평화상을 수상한 김대중 전 대통령이 유일한 반면 일본은 총 25명의 수상자를 배출하였다. 일본의 수상자는 물리학상 9명, 화학상 8명, 생리학/의학상 5명, 문학상 2명, 평화상 1명이다. 일본도 아직까지 경제학 분야에서의 수상자는 없다.

　일본의 노벨상 수상자 25명 가운데 23명이 일본 대학에서 최종 학위(박사 19명, 학사 4명)를 취득하였다. 그 중 도쿄대학 졸업자가 9명으로 가장 많으며 다음으로 나고야대학과 교토대학 졸업자가 각각 5명과 3명이다.

역대 노벨상 수상자 수, 2022년 기준

	한국	일본
물리학상	—	9
화학상	—	8
생리학/의학상	—	5
문학상	—	2
평화상	1	1
경제학	—	—
합계	1	25

출처: nippon.com

제6장

한일 관계

더 멀어질까 가까워질까?

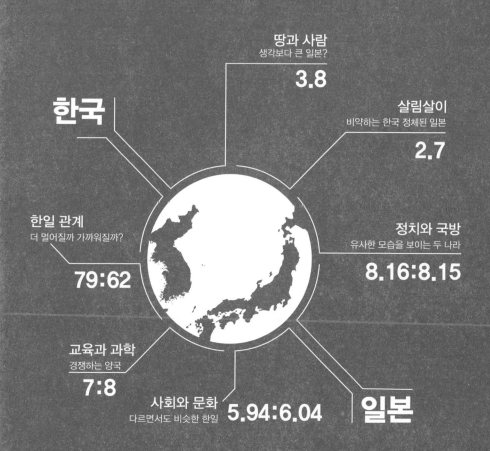

땅과 사람
생각보다 큰 일본?
3.8

살림살이
비약하는 한국 정체된 일본
2.7

한국

정치와 국방
유사한 모습을 보이는 두 나라
8.16:8.15

한일 관계
더 멀어질까 가까워질까?
79:62

교육과 과학
경쟁하는 양국
7:8

사회와 문화
다르면서도 비슷한 한일   5.94:6.04

일본

비중은 다소 줄었으나 여전히 주요 무역 파트너

마지막으로 본 장에서는 한일 무역관계를 시작으로 한국과 일본의 양국 관계에 대하여 살펴보도록 한다.

먼저 우리나라의 전체 무역에서 일본이 점하는 위치를 알아보면, 일본은 2000년도까지 미국에 이은 한국의 제2대 수출시장으로 1990년 한국 전체 수출의 19%, 2000년 12%를 차지하였다. 다음 해인 2001년 일본의 한국의 수출국 순위는 3위로 한 단계 내려간 후 2014년까지 그 위치를 고수하였다. 그러나 2015년 일본의 순위는 5위로 두 계단 더 떨어진 후 2021년까지 그 지위를 유지하고 있으며 동년 한국의 총수출에서 차지하는 비중은 5%까지 하락하였다.

한국의 10대 수출국 순위 및 비중(%)

	1990년		2000년		2010년		2021년	
1	미국	29.8	미국	21.8	중국	25.1	중국	25.3
2	일본	19.4	일본	11.9	미국	10.7	미국	14.9
3	홍콩	5.8	중국	10.7	일본	6.0	베트남	8.8
4	독일	4.4	홍콩	6.2	홍콩	5.4	홍콩	5.8
5	싱가포르	2.8	대만	4.7	싱가포르	3.3	일본	4.7
6	영국	2.7	싱가포르	3.3	대만	3.2	대만	3.8
7	캐나다	2.7	영국	3.1	인도	2.5	인도	2.4
8	대만	1.9	독일	3.0	독일	2.3	싱가포르	2.2
9	프랑스	1.7	말레이시아	2.0	베트남	2.1	멕시코	1.8
10	인도네시아	1.7	인도네시아	2.0	인도네시아	1.9	독일	1.7

출처: 한국무역협회

우리나라 수입에서 일본이 차지하는 비중은 2021년 9%로 전체 국가들 중 3위를 차지하였다. 하지만 한국의 일본에 대한 수입 의존 역시 최근 들어 감소하는 추세를 보이고 있다. 2006년까지 일본은 한국의 제1위의 수입국이었으며, 1990년 일본이 한국의 총수입에서 차지하는 비중은 무려 27%, 2000년에는 20%를 기록하였다.

한국의 10대 수입국 순위 및 비중(%)

	1990년		2000년		2010년		2021년	
1	일본	26.6	일본	19.8	중국	16.8	중국	23.0
2	미국	24.3	미국	18.2	일본	15.1	미국	12.0
3	독일	4.7	중국	8.0	미국	9.5	일본	8.9
4	호주	3.7	사우디아라비아	6.0	사우디아라비아	6.3	호주	5.4
5	중국	3.2	호주	3.7	호주	4.8	사우디아라비아	3.9
6	사우디아라비아	2.5	인도네시아	3.3	독일	3.4	베트남	3.9
7	인도네시아	2.3	말레이시아	3.0	인도네시아	3.3	대만	3.8
8	말레이시아	2.3	UAE	2.9	대만	3.2	독일	3.6
9	캐나다	2.1	대만	2.9	UAE	2.9	러시아	2.8
10	대만	2.1	독일	2.9	카타르	2.8	카타르	1.9

출처: 한국무역협회

한편 우리나라는 일본과의 무역에서 최대 무역 적자를 내고 있으며 2021년 한국의 대일 무역 적자 규모는 245억 8,000만 달러에 달하였다.

한국의 10대 무역 적자국, 백만 달러

	1990년		2000년		2010년		2021년	
1	일본	5,936	일본	11,362	일본	36,120	일본	24,580
2	중국	1,683	사우디아라비아	8,379	사우디아라비아	22,263	호주	23,167

3	호주	1,633	호주	3,352	호주	13,815 사우디아라비아 20,947
4	오만	1,352	UAE	2,711	카타르	11,443 카타르 11,191
5	사우디아라비아	1,016	쿠웨이트	2,470	쿠웨이트	9,802 독일 10,886
6	말레이시아	878	카타르	2,092	UAE	6,683 쿠웨이트 7,905
7	브라질	601	인도네시아	1,788	인도네시아	5,089 러시아 7,377
8	독일	598	오만	1,570	독일	4,152 이라크 4,345
9	UAE	563	말레이시아	1,363	오만	3,432 네덜란드 3,444
10	인도네시아	533	러시아	1,270	말레이시아	3,416 이탈리아 3,409

출처: 한국무역협회

　이번에는 일본의 무역에서 우리나라가 차지하는 비중을 수출부터 살펴보자. 한국은 2020년까지 오랜 기간 일본의 제3대 수출시장이었으며 일본 전체 수출의 약 6~8% 정도를 점하였다. 2021년 일본의 수출국 순위에서 한국이 4위로 비록 한 계단 내려갔으나 여전히 일본 총수출의 7% 가량을 차지하고 있다.

일본의 10대 수출국 순위 및 비중(%)

	1990년		2000년		2010년		2021년	
1	미국	31.5	미국	29.7	중국	19.4	중국	21.6
2	독일	6.2	대만	7.5	미국	15.4	미국	17.9
3	한국	6.1	한국	6.4	한국	8.1	대만	7.2
4	대만	5.4	중국	6.3	대만	6.8	한국	6.9
5	홍콩	4.6	홍콩	5.7	홍콩	5.5	홍콩	4.7
6	영국	3.8	싱가포르	4.3	태국	4.4	태국	4.4
7	싱가포르	3.7	독일	4.2	싱가포르	3.3	독일	2.7
8	태국	3.2	영국	3.1	독일	2.6	싱가포르	2.6
9	호주	2.4	말레이시아	2.9	말레이시아	2.3	베트남	2.5
10	캐나다	2.4	태국	2.8	네덜란드	2.1	말레이시아	2.1

출처: 한국무역협회

한국은 일본의 주요 수입국이기도 하다. 지난 30여년간 우리나라는 일본 총수입 중 약 4~5%를 공급하였으며, 2021년 일본의 제5대 수입국의 위치를 점하였다.

일본의 10대 수입국 순위 및 비중(%)

	1990년		2000년		2010년		2021년	
1	미국	22.4	미국	19.0	중국	22.1	중국	24.1
2	인도네시아	5.4	중국	14.5	미국	9.7	미국	10.5
3	호주	5.3	한국	5.4	호주	6.5	호주	6.7
4	중국	5.1	대만	4.7	사우디아라비아	5.2	대만	4.4
5	한국	5.0	인도네시아	4.3	UAE	4.2	한국	4.2
6	독일	4.9	UAE	3.9	한국	4.1	사우디아라비아	3.6
7	사우디아라비아	4.4	호주	3.9	인도네시아	4.1	UAE	3.5
8	UAE	3.8	말레이시아	3.8	대만	3.3	태국	3.4
9	대만	3.6	사우디아라비아	3.7	말레이시아	3.3	독일	3.1
10	캐나다	3.6	독일	3.4	카타르	3.1	베트남	3.0

출처: 한국무역협회

또한 우리나라는 일본의 주요 무역 흑자 대상국이다. 2021년 한국은 일본의 제4대 무역 흑자 대상국이었으며 당시 일본의 대한 무역 흑자액 규모는 2조엔을 넘어섰다.

일본의 10대 무역 흑자국, 10억엔

	1990년		2000년		2010년		2021년	
1	미국	5,469	미국	7,577	미국	4,463	미국	5,942
2	홍콩	1,573	홍콩	2,750	홍콩	3,571	홍콩	3,771

3	싱가포르	1,034	대만	1,944	한국	2,956	대만	2,294
4	대만	1,003	싱가포르	1,550	대만	2,570	한국	2,250
5	독일	904	네덜란드	1,141	싱가포르	1,494	싱가포르	1,230
6	한국	829	한국	1,104	파나마	1,323	네덜란드	1,026
7	영국	806	영국	889	태국	1,154	태국	738
8	네덜란드	721	독일	783	네덜란드	1,083	인도	737
9	태국	716	파나마	692	영국	682	멕시코	557
10	파나마	400	벨기에	368	멕시코	534	파나마	432

출처: 한국무역협회

최근 양국 간 해외직접투자는 그리 크지 않아

한국과 일본의 상호 간 해외직접투자 자료는 양국의 통계에 다소 차이가 있어 두 나라의 통계를 모두 인용하도록 한다.

먼저 한국수출입은행 자료에 따른 한국의 대일본 해외직접투자 금액은 1980년부터 2021년까지의 기간 동안 전반적으로 증가하는 추세를 보였다. 한국의 대일 해외직접투자가 최고치에 달했던 2020년도의 경우 그 규모는 약 16억 4,100만 달러였다.

그러나 한국의 전체 해외직접투자 중 일본의 비중은 그리 크지 않다. 일본의 비중이 7%로 예외적으로 높았던 2004년도를 제외하면 1980년부터 2021년까지의 기간 중 일본의 비중은 거의 1~3% 사이에 머물렀다.

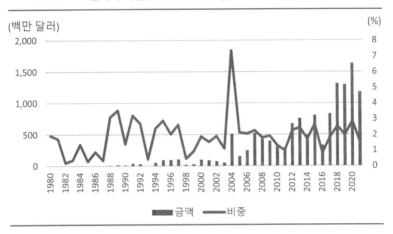

한국의 대일본 해외직접투자, 1980~2021년

출처: 한국 수출입은행

　한편 우리나라로 유입되는 해외직접투자, 즉 외국인직접투자 중
일본의 비중을 산업통상부 자료를 토대로 살펴보면, 1990년대 중
반 경까지 일본은 우리나라로 들어온 외국인직접투자에서 상당히
큰 부분을 차지하였다. 1987년도의 경우 한국에 투자한 외국인직
접투자의 무려 60%가 일본으로부터의 투자였다. 그러나 그 후 비
록 2010년대 초반 한때 다소 회복세를 보이기는 하였으나 한국에
대한 외국인직접투자 가운데 일본의 비중은 전반적으로 크게 하락
하였다. 2021년 우리나라로 유입된 외국인직접투자 중 일본의 비
중은 4%였다.

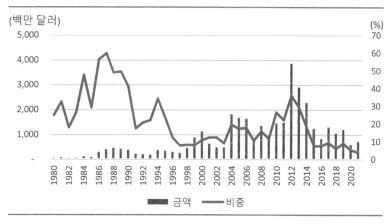

한국에 대한 외국인직접투자 중 일본 자금 규모, 1980~2021년

출처: 한국 산업통상자원부

　일본의 일본무역진흥기구Japan External Trade Organization (JETRO)는 국제수지 자료를 기반으로 일본의 해외직접투자와 일본으로 유입되는 외국인직접투자 자료를 발표하고 있다. 동 자료에 따르면 1995년부터 2021년까지의 기간 중 일본의 해외직접투자 순투자액 총액 가운데 한국의 비중은 약 1~4% 사이에 머물렀다. 한국에 대한 순투자금액이 가장 큰 해였던 2018년도 당시 그 규모는 약 44억 달러 수준이었다.

　일본으로 유입된 외국인직접투자의 순투자액 중 한국 자금의 규모는 1990년대 후반부터 코로나19 발발 전인 2018년도까지 대체로 증가하는 추세였으며 그해에 최고치인 약 19억 달러를 기록하였다.

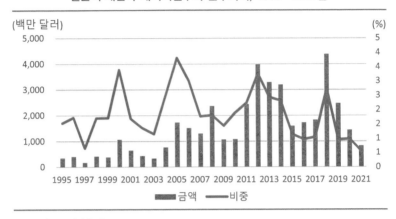

일본의 대한국 해외직접투자 순투자액, 1995~2021년

출처: 일본무역진흥기구

　　하지만 일본에 투자된 외국인직접투자의 순투자액에서 한국이
차지하는 비중은 1996년부터 2021년까지의 기간 중 예외적으로
높은 년도가 다소 있긴 하지만 주로 약 1~3% 정도에 머물렀다.

일본에 대한 외국인직접투자 순투자액 중 한국 자금 규모, 1996~2021년

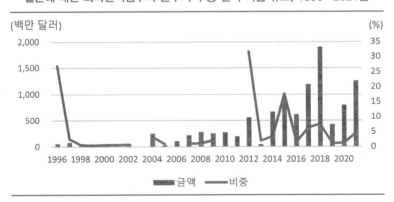

출처: 일본무역진흥기구
주: 일본에 대한 외국인직접투자 순투자액 총액이 음수이거나 한국 자금의 순투자액이 음
　　수인 년도의 자료는 제외

꾸준히 증가하는 상호 관광객

우리나라를 방문하는 일본인 관광객 수는 코로나19가 발발하기 전까지 꾸준히 늘어나는 추세였다. 2015년도 약 180만 명이었던 일본인 관광객 수는 2019년 약 330만 명까지 늘어났으며 그해 한국을 방문한 전체 외래 관광객의 약 20%를 차지하였다. 또한 2015년부터 2019년까지의 기간 내내 일본은 한국을 방문한 외래 관광객의 국적 제2위에 줄곧 올라 있었다.

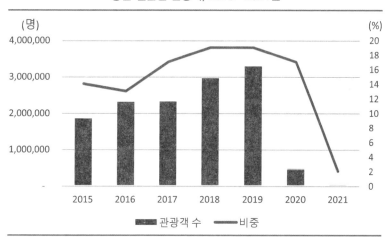

방한 일본인 관광객, 2015~2021년

출처: 한국관광공사

일본을 여행하는 우리나라 관광객 수도 코로나19 발생 이전까지 크게 증가하고 있었다. 일본을 찾은 한국인 관광객 수는 2010년 약 200만 명에서 2018년 거의 700만 명으로 대폭 늘어났다. 동 기간 동안 한국인은 일본을 방문한 전체 외래 관광객의 약 21~31%

를 차지하였으며, 2010년 2011년 2012년 및 2017년은 국적 기준
으로 일본을 방문한 외래 관광객 중 제1위, 2013년부터 2016년 그
리고 2018년과 2019년은 제2위를 기록하였다.

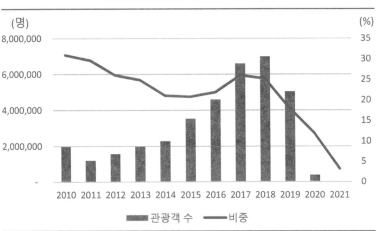

방일 한국인 관광객, 2010~2021년

출처: 일본정부관광국

상당한 차이를 보이는 서로에 대한 호감도

우리나라 동아시아연구원은 한일 양국 국민이 상대국을 바라보
는 인식에 대한 여론조사를 2013년부터 실행하고 있다. 동 조사의
일본에 대한 한국인의 인식 조사 결과에 따르면, 일본에 대하여 좋
지 않은 인상을 가지고 있다고 답한 한국인의 비율이 일본에 대하
여 좋은 인상을 가지고 있다고 답한 한국인의 비율보다 여전히 현
저하게 높다.

그러나 2013년부터 2019년까지의 기간 동안 일본에 대하여 좋은 인상을 가지고 있다고 밝힌 한국인 응답자의 비율은 상당히 증가한 반면 좋지 않은 인상을 가지고 있다고 답한 응답자의 비율은 크게 하락하였다. 구체적으로, 일본에 대하여 좋은 인상을 가지고 있다고 밝힌 응답자의 비율은 2013년도의 경우 전체의 12%에 불과하였으나 2019년도에는 32%까지 상승하였다. 그 다음 해인 2020년도에는 동 비율이 12%로 크게 하락하였으나 일 년 후인 2021년도에는 21%로 반등하였다.

이와 반대로 2013년도 조사 당시 무려 77%에 달하였던 일본에 대하여 좋지 않은 인상을 갖고 있다고 응답한 비율은 2019년도에는 50%까지 떨어졌다. 이 비율은 이듬해인 2020년 다시 72%까지 올랐지만 다음 해인 2021년에는 63%로 재차 내려갔다.

한국인의 일본에 대한 인상, 2013~2021년

출처: 동아시아연구원 한일 국민 상호인식조사

일본에 대한 우리 국민의 인상을 연령대별로 살펴보면, 2021년도 조사의 경우 19~29세 사이의 응답자 중 약 30%가 일본에 대하여 좋은 인상을 가지고 있다고 답하여 모든 연령대들 가운데 일본에 대하여 가장 높은 호감도를 보여 주었다. 또한 동 연령대 응답자 중 일본에 대하여 좋지 않은 인상을 가지고 있다고 밝힌 비율은 42%로 모든 연령층 가운데 가장 낮은 비호감을 나타냈다.

일본에 대하여 다음으로 높은 호감도를 보인 연령대는 50대로 응답자의 22%가 일본에 좋은 인상을 가지고 있었다.

반면 40대는 16%만이 일본에 대하여 좋은 인상을 가지고 있다고 밝혀 가장 낮은 호감도를 나타냈다.

한편 일본에 대하여 가장 강한 비호감을 보인 연령대는 60세 이상의 응답자로 이들 중 72%가 일본에 대하여 좋지 않은 인상을 가지고 있었다.

연령대별 한국인의 일본에 대한 인상, 2021년

출처: 동아시아연구원 한일 국민 상호인식조사

일본의 경우는, 일본 정부 내각부가 외교정책과 관련한 여론조사의 일환으로 일본 국민의 한국에 대한 친근감 여부, 한일 관계 상황의 평가, 한일 관계 발전의 중요성 등에 대한 여론조사를 1978년도부터 실시하고 있다. 일본인의 한국에 대한 인식은 동 여론조사의 결과를 토대로 알아보도록 한다.

1978년부터 1998년까지의 기간 중 1985년과 서울올림픽이 열렸던 1988년 두 해를 제외하고는 한국에 대하여 친근감을 느끼지 않는다고 답한 응답자의 비율이 친근감을 느낀다고 밝힌 응답자의 비율보다 작게는 4%로부터 크게는 24%까지 높게 나타났다.

그러나 1999년도부터 한국에 친근감을 표명한 응답자의 비율이 친근감을 느끼지 않는 응답자의 비율을 넘어서기 시작하여 그 비율이 2009년도에는 63%에 달해 역대 최고치를 기록하였다. 동년 한국에 친근감을 느끼지 않는다고 답한 응답자의 비율 역시 역대 최저치인 34%까지 하락하였다.

하지만 그 삼 년 후인 2012년도부터 한국에 대한 감정이 급격히 악화되기 시작하여 당해 친근감을 느낀다는 응답자의 비율은 39%로 추락한 반면 친근감을 느끼지 않는다는 응답자의 비율은 59%까지 치솟았다. 그 후 2019년도에는 친근감을 느끼는 응답자 비율이 27%까지 떨어지고 친근감을 느끼지 않는 응답자 비율은 72%까지 올라가 각각 역대 최저치와 최고치를 기록하였다. 그 다음 해인 2020년과 2021년에는 한국에 대한 친근감이 다소 회복되어 친근감을 느끼는 응답자의 비율이 2021년도의 경우 37%까지 오르고 친근감을 느끼지 않는다는 응답자의 비율은 62%까지 내려갔다.

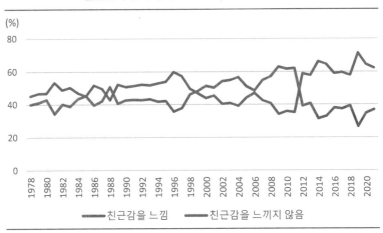

일본인의 한국에 대한 친근감, 1978~2021년

출처: 일본 내각부
주: 2015년도 자료는 2016년 1월 여론조사 결과, 2016년도 자료는 동년 11월 여론조사
결과

　일본인의 한국에 대한 친근감 여부를 성별 및 연령대별로 보다
자세히 알아보자. 먼저 남성과 여성을 비교하면, 일본인의 한국에
대한 친근감이 전반적으로 상승하는 추세였던 2000년대 중 특히
2000년대 초중반까지는 한국에 대하여 친근감을 느끼는 남성의
비율이 여성의 비율보다 컸으며 또한 한국에 대하여 친근감을 느
끼지 않는 여성의 비율이 남성의 비율보다 높았다. 하지만 그와 반
대로 한국에 대하여 친근감을 느끼는 비율이 전체적으로 크게 하
락한 2012년도부터는 친근감을 느끼는 여성의 비율이 남성의 비
율보다 높은 반면 친근감을 느끼지 않는 비율은 남성이 여성보다
컸다.

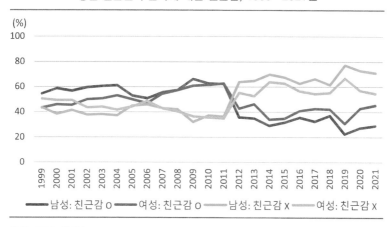

성별 일본인의 한국에 대한 친근감, 1999~2021년

출처: 일본 내각부
주: 2015년도 자료는 2016년 1월 여론조사 결과, 2016년도 자료는 동년 11월 여론조사 결과

다음으로 연령대별 조사 결과를 비교하면 다음의 두 가지 점이 눈에 띈다. 첫째, 한국에 대한 친근감이 전반적으로 상승하던 2010년대 초반까지는 친근감을 느끼는 비율의 차이가 연령대별로 그리 크지 않았으나, 한국에 대한 친근감이 대체로 하락한 2010년대 초반 이후로는 연령대에 따라 친근감을 느끼는 비율의 격차가 커졌다. 이러한 경향은 친근감을 느끼는 응답자 비율과 친근감을 느끼지 않는 응답자 비율 양자 모두에서 나타난다.

둘째, 연령대가 낮을수록 한국에 대하여 보다 강한 친근감을 보인다. 특히 한국에 대한 친근감이 전반적으로 하락하던 2010년대 초반 이후의 기간 동안 이러한 경향이 더욱 두드러진다. 실제로 2021년도의 경우 18~29세 사이의 일본인 응답자 61%가 한국에 대하여 친근감을 표명한 반면, 70세 이상의 응답자들은 그 중 단지 29%만이 한국에 친근감을 나타냈다.

연령대별 일본인의 한국에 대하여 친근감을 느끼는 비율, 1999~2021년

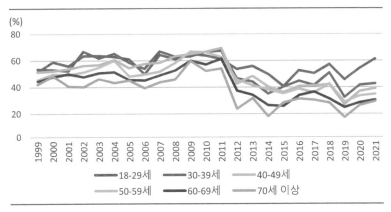

출처: 일본 내각부
주: 2015년도 자료는 2016년 1월 여론조사 결과, 2016년도 자료는 동년 11월 여론조사
   결과. 29세 이하 여론조사 대상자의 경우 2015년도 조사까지는 20~29세, 2016년
   도 조사부터는 18~29세 인구가 조사 대상

그러한 결과의 동전의 양면으로서 같은 해 한국에 친근감을 느

끼지 않는다는 응답자의 비율은 18~29세의 경우 39%에 머물렀으

연령대별 일본인의 한국에 대하여 친근감을 느끼지 않는 비율, 1999~2021년

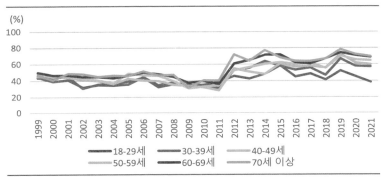

출처: 일본 내각부
주: 2015년도 자료는 2016년 1월 여론조사 결과, 2016년도 자료는 동년 11월 여론조사
   결과. 29세 이하 여론조사 대상자의 경우 2015년도 조사까지는 20~29세, 2016년
   도 조사부터는 18~29세 인구가 조사 대상

나 70세 이상에서는 그 비율이 70%에 달하였다.

지금까지 살펴본 한국인의 일본에 대한 호감도와 일본인의 한국에 대한 호감도를 동아시아연구원과 일본 내각부 여론조사 자료 모두가 존재하는 최근 2013년부터 2021년까지의 기간을 중심으로 비교하여 보자. 앞서 언급하였듯이 동 기간은 일본에 대한 한국인의 인상이 대체로 개선되는 반면 한국에 대한 일본인의 친근감이 최저치를 보인 시기이다. 하지만 그럼에도 불구하고, 2019년도 한 해를 제외하고는 전반적으로 한국에 대하여 친근감을 보인 일본인의 비율이 일본에 대하여 좋은 인상을 가진 한국인의 비율보다 적게는 11%부터 크게는 거의 30% 정도 높게 나타났다. 한편 상대국에 대하여 비우호적인 응답을 보인 비율은 2013년부터 2016년까지, 그리고 2020년과 2021년에는 한국이 일본보다 높았으며 그 이외의 년도에는 일본이 한국보다 높았다.

한국인과 일본인의 상대국에 대한 호감도 비교, 2013~2021년

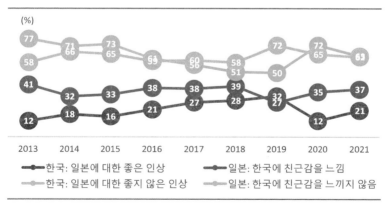

출처: 동아시아연구원 한일 국민 상호인식조사, 일본 내각부
주: 일본 자료의 경우 2015년도 자료는 2016년 1월 여론조사 결과, 2016년도 자료는 동
   년 11월 여론조사 결과

한일 관계 현황 평가는 한국이 보다 부정적

위에서 논의한 동아시아연구원의 여론조사에 의하면 동 조사 당시의 한일 관계 상황에 대하여 긍정적인 평가를 내린 한국인 응답자의 비율은 매우 미미하였다. 조사 시점에서 한일 관계가 좋다라고 평가한 응답자의 비율은 2013년부터 2021년까지의 기간 중 2016년과 2019년의 4%가 최고치였으며 2020년과 2021년 동 비율은 단지 1%대에 머물렀다. 반대로 한일 관계의 상황이 나쁘다라고 답한 응답자의 비율은 55%를 기록한 2018년도가 가장 낮았으며 동 비율은 2020년도에는 88% 2021년도에는 81%에 달하였다.

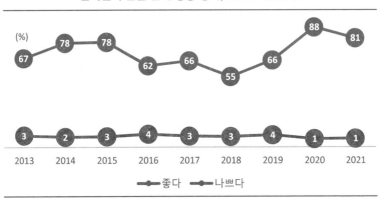

한국인의 한일 관계 상황 평가, 2013~2021년

출처: 동아시아연구원 한일 국민 상호인식조사

일본으로 시선을 돌려 한일 관계 상황에 대한 일본 내각부 여론조사 결과를 살펴보면, 1986년부터 2011년까지는 예외 년도가 있기는 하지만 대체적으로 한일 관계 상황을 양호하게 평가한 응답자의 비율이 양호하지 않다라고 판단한 응답자의 비율보다 높았다. 하지만 다음 해인 2012년도부터 한일 관계 상황을 부정적으로 보는 비율이 급격히 증가하여 동년 18%의 응답자만이 한일 관계를 긍정적으로 본 반면 79%는 부정적으로 평가하였다. 2021년도 조사의 경우 양호하다는 답변이 전체의 19%, 양호하지 않다는 응답이 전체의 81%를 차지하였다.

일본인의 한일 관계 상황 평가, 1986~2021년

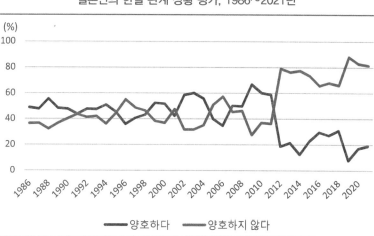

출처: 일본 내각부
주: 2015년도 자료는 2016년 1월 여론조사 결과, 2016년도 자료는 동년 11월 여론조사 결과

위의 조사 결과를 성별로 비교하면, 한국에 대하여 남성이 여성보다 높은 친근감을 보였던 2000년대 초중반은 남성이 여성보다 한일 관계의 상황을 보다 긍정적으로 평가하였다. 이와 유사하게, 여성이 남성보다 한국에 대해 보다 강한 친근감을 나타냈던 2020년대 초반은 여성이 남성보다 한일 관계를 보다 양호하게 인식하

는 모습을 보였다.

성별 일본인의 한일 관계 상황 평가, 1999~2021년

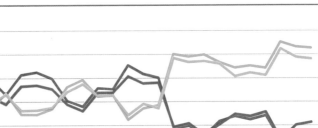

출처: 일본 내각부
주: 2015년도 자료는 2016년 1월 여론조사 결과, 2016년도 자료는 동년 11월 여론조사
    결과

한일 관계 상황이 양호하다고 답한 일본인 응답자들을 연령대별
로 살펴보면, 2020년대 들어 18~29세 사이의 응답자와 30세 이상
응답자의 평가에 상당한 차이가 나타난다. 2021년도의 경우 30세
이상의 응답자 중 한일 관계 상황을 긍정적으로 본 비율은 10~21%
사이인데 비해 18~29세 사이의 응답자의 34%가 한일 관계 상황이
양호하다고 답하였다. 이러한 조사 결과는 같은 기간 18~29세 사
이의 응답자들이 30세 이상의 응답자들보다 한국에 대하여 월등히
높은 친근감을 보인 조사 결과와 관련이 있어 보인다.

연령대별 일본인의 한일 관계를 양호하다고 평가한 비율, 1999~2021년

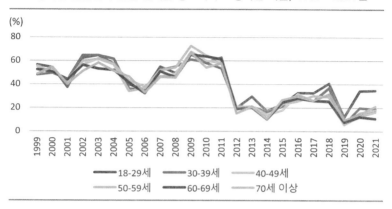

출처: 일본 내각부
주: 2015년도 자료는 2016년 1월 여론조사 결과, 2016년도 자료는 동년 11월 여론조사
   결과. 29세 이하 여론조사 대상자의 경우 2015년도 조사까지는 20~29세, 2016년
   도 조사부터는 18~29세 인구가 조사 대상

한일 관계 상황이 양호하지 않다고 답한 일본인 응답자들 역시

이상의 조사 결과와 비슷한 연령대별 차이를 보였다. 즉 여타 연령

연령대별 일본인의 한일 관계를 양호하지 않다고 평가한 비율, 1999~2021년

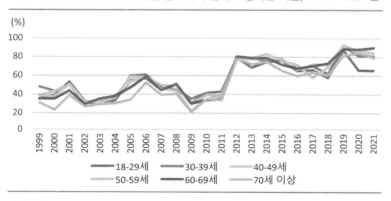

출처: 일본 내각부
주: 2015년도 자료는 2016년 1월 여론조사 결과, 2016년도 자료는 동년 11월 여론조사
   결과. 29세 이하 여론조사 대상자의 경우 2015년도 조사까지는 20~29세, 2016년
   도 조사부터는 18~29세 인구가 조사 대상

대와 비교하여, 2020년대 초반 한국에 대하여 친근감을 느끼지 않는다고 응답한 비율이 가장 낮았던 18~29세 사이의 응답자들로부터 한일 관계 상황을 부정적으로 평가한 비율이 현저하게 낮게 나왔다.

지금까지 알아본 한일 관계 상황에 대한 한국인과 일본인의 평가를 비교하면, 전반적으로 일본인이 한국인보다 한일 관계 상황을 보다 긍정적으로 평가하는 경향을 보였다. 2021년도의 경우 일본인 응답자의 약 19%가 한일 관계 상황이 양호하다고 답한 반면 동년 한일 관계 상황을 양호하다고 본 한국인 응답자의 비율은 1%에 그쳤다.

한국인과 일본인의 한일 관계 상황에 대한 평가, 2013~2021년

출처: 동아시아연구원 한일 국민 상호인식조사, 일본 내각부
주: 일본 자료의 경우 2015년도 자료는 2016년 1월 여론조사 결과, 2016년도 자료는 동년 11월 여론조사 결과

한일 관계의 중요성은 양국이 공유

동아시아연구원의 여론조사에 따르면, 한국인 응답자 대다수는

한일 관계가 한국에 중요하다고 평가하고 있는 것으로 나타났다. 한일 관계를 중요하게 보는 한국인 응답자의 비율은 2013년 74%에서 2017년 90%까지 늘어났다. 그 후 동 비율이 다소 하락하였지만 2021년도의 경우 여전히 79%의 응답자가 한일 관계가 한국에 중요하다고 여겼다.

한국인의 한일 관계의 중요성 평가, 2013~2021년

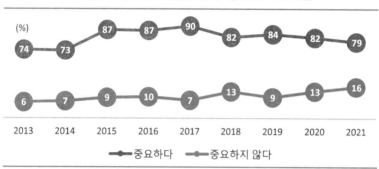

출처: 동아시아연구원 한일 국민 상호인식조사

일본 내각부의 여론조사도 2016년도부터 한일 관계의 발전이 양국과 아시아 및 태평양 지역에 있어 중요하다라고 생각하는지 여부에 대한 조사를 실시하고 있다. 동 조사 결과 한일 관계의 발전이 중요하다라고 응답한 일본인의 비율은 중요하지 않다라고 답한 비율보다 상당히 높게 나타났다. 2016년부터 2018년까지의 기간 동안 한일 관계 발전을 중요하다라고 평가한 응답자 비율은 69~70%였으며, 2019년과 2020년 동 비율이 58%로 하락하였지만 이듬해인 2021년도에는 62%로 다소 상승하였다.

일본인의 한일 관계 발전의 중요성에 대한 인식, 2016~2021년

출처: 일본 내각부

하지만 일본인의 한일 관계 발전의 중요성에 대한 인식은 남성과 여성 간에 상당한 차이를 보인다. 남성보다 여성이 한일 관계 발전을 중요하게 여기는 비율이 높았으며 이런 경향은 최근 들어 심화되는 모습을 보였다. 이러한 현상은 앞서 살펴본 2012년도 이래 여성이 남성보다 한국에 대하여 보다 높은 친근감을 보인 여론조사 결과와 유사한 양태를 보인다.

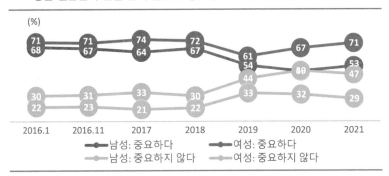

성별 일본인의 한일 관계 발전의 중요성에 대한 인식, 2016~2021년

출처: 일본 내각부

한일 관계의 중요성에 대한 일본인의 평가를 연령대별로 구분하여 살펴보면, 앞서 논의한 여론조사 결과와 유사하게, 2020년대 초반의 경우 18~29세 사이의 응답자 중 한일 관계 발전이 중요하다라고 대답한 비율이 다른 연령대의 응답자에 비해 눈에 띄게 높게 나타난다. 2021년 동 비율은 18~29세의 경우 74%로 60~62%의 비율을 보인 30세 이상의 응답자들보다 12% 이상 높은 수치를 보여 준다.

연령대별 일본인의 한일 관계 발전이 중요하다고 생각하는 비율, 2016~2021년

출처: 일본 내각부

같은 해 한일 관계 발전이 중요하지 않다라고 응답한 비율 역시 18~29세 사이의 응답자들의 경우 26%로, 38~40% 정도의 비율을 보인 여타 연령대에 비해 약 12% 이상 낮게 나타났다. 이러한 결과 역시 최근 18~29세 사이의 일본인 응답자가 다른 연령대의 응답자에 비해 한국에 대하여 상당히 강한 친근감을 보이는 경향과 관련이 있을 것으로 추측된다.

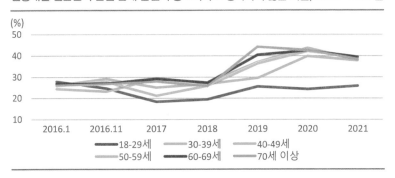

연령대별 일본인의 한일 관계 발전이 중요하다고 생각하지 않는 비율, 2016~2021년

출처: 일본 내각부

이상에서 살펴본 한일 관계의 중요성에 대한 한국인과 일본인의 인식을 비교하면, 2010년대 중반부터 2020년대 초반의 기간 동안 일관적으로 한국인이 일본인보다 양국 간 관계를 좀 더 중요하게 평가하고 있는 것으로 나타났다. 2021년도의 경우 양국의 관계 발전이 중요하다고 응답한 비율은 한국 79%, 일본 62%, 중요하지 않다라고 답한 비율은 한국 16%, 일본 38%였다.

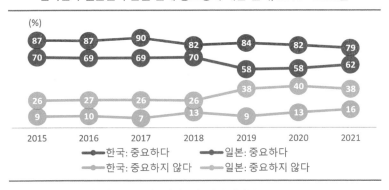

한국인과 일본인의 한일 관계 중요성에 대한 인식, 2015~2021년

출처: 동아시아연구원 한일 국민 상호인식조사, 일본 내각부
주: 일본 자료의 경우 2015년도 자료는 2016년 1월 여론조사 결과, 2016년도 자료는 동년 11월 여론조사 결과

맺음말

한국

땅과 사람
생각보다 큰 일본?
3.8

살림살이
비약하는 한국 정체된 일본
2.7

한일 관계
더 멀어질까 가까워질까?
79:62

정치와 국방
유사한 모습을 보이는 두 나라
8.16:8.15

교육과 과학
경쟁하는 양국
7:8

사회와 문화
다르면서도 비슷한 한일
5.94:6.04

일본

지금까지 한국과 일본의 과거와 현재를 지리와 인구, 경제, 정치 및 국방, 사회와 문화, 교육과 과학, 한일 관계 등 크게 6개 분야로 나누어 총 80개 이상의 세부적 항목을 비교하였다. 비교 결과는 지난 수십 년간 양국의 모습에 많은 변화가 있었음을 보여준다.

　한일 양국을 비교할 때는 우선 두 나라의 영토와 인구의 크기 차이를 명확히 인식할 필요가 있다. 일본이 비록 섬나라이긴 하지만 그 영토 크기가 한국의 거의 네 배에 달하며 한국의 두 배 이상의 인구를 보유하고 있다. 이러한 한국과 일본의 지리적 인구적 차이는 여러 측면에서 양국이 서로 다른 양상을 띠게 하는 주요 구조적 요인 중 하나로 작용한다. 따라서 예를 들어 한일 GDP 규모의 차이를 비교할 경우 두 나라의 인구 차이를 감안하지 않고서는 양국의 경제 규모에 대한 균형 잡힌 평가를 내리기 힘들다. 또한 일본이 소위 '갈라파고스화'가 될 수 있는 배경에도 국내 시장이 크지 않은 한국과 달리 내수에 중점을 두어도 될 정도로 일본 국내 시장의 규모가 충분히 크다는 조건이 자리하고 있다. 실제로 제2장에서 살펴본 바와 같이 일본이 수출 강국이라고 널리 인식되고 있음에도 불구하고 일본경제의 무역의존도는 현재 우리나라의 절반에도 미치지 않는다.

　지난 반세기 동안 한국 경제는 대체로 발전을 꾸준히 이어온 반면 일본 경제는 거품이 붕괴한 1990년대 초 이후 아직까지도 충분한 활력을 되찾지 못하고 있다. 그 결과 현재 여러 경제 분야에서 한국이 일본과 유사하거나 더 좋은 성적을 보이고 있다. 두 나라의 경제 규모 격차는 1970년 24배로부터 2021년 2.7배로 줄어들었으며, 양국 국민의 실제 구매력을 보여주는 구매력평가 기준 1인당

GDP는 2018년도부터 한국이 일본을 추월하였다. 또한 평균 임금 수준도 2015년부터 우리가 일본을 앞서고 있으며 국가경쟁력 순위에서도 한국이 우위를 점하고 있다. 물론 일본이 여전히 더 나은 모습을 보이고 있는 경제 분야도 여럿 있다. 2021년 일본의 경상수지 흑자액은 한국의 2배를 기록하였으며 취업률도 최근 일본이 한국보다 상당히 높은 수치를 보여 주고 있다. 소득불평등 수준도 일본이 한국보다 다소 낮다. 또한 2021년도 세계 100대 기업 순위에 일본은 총 5개의 기업이 이름을 올렸으나 한국은 삼성전자만이 유일하게 포함되었다.

한편 정치와 국방 분야에서는 한국과 일본이 여러 측면에서 유사한 모습을 보여 준다. 양국 공히 우수한 민주주의 국가로 평가되고 있으며, 군사력 순위와 국가의 물질적 역량 평가에서도 한일 양국은 대동소이한 평가를 얻었다. 정치제도에 대한 평가에 있어서는 대체적으로 일본이 한국보다 다소 높은 평가를 받았지만 투표율은 한국이 일본을 앞서고 있다. 그러나 해외원조 규모에 있어서는 여전히 일본과 한국 사이에 큰 격차가 존재한다.

사회와 문화 영역에서도 한일 양국은 다방면에서 비슷한 흐름을 보이고 있다. 두 나라 모두 결혼 감소, 출산 연령 상승, 개인용 컴퓨터 보유율 하락, 비만 인구 증가를 겪고 있으며, 양국 모두 지난 10여 년간 행복지수가 하락하였다. 한편 한국인과 일본인의 음주량은 비슷해졌으며, 두 나라 공히 전 세계적으로 매우 안전한 나라로 꼽힌다. 그러나 교통사고 사망률, 치명적 산업재해율, 자살 건수 등은 한국이 일본보다 높은 수치를 보였다. 해외 관광객 수는 한국이 일본을 추월하였다.

교육과 과학 분야에서 역시 한국과 일본의 차이는 줄어드는 추세를 보이고 있다. 한국 대학들의 세계 대학 순위는 상승하고 있으며, 연구인력 규모와 특허 등록 건수의 두 나라 간 차이도 눈에 띄게 감소하였다. 한편 학문의 자유 조사에서는 한국이 일본보다 우수한 평가를 취득하였으며 GDP 대비 연구개발비 비율도 한국이 일본보다 높았다. 그러나 지식재산권 수입은 여전히 일본이 한국을 압도하고 있으며 역대 노벨상 수상자의 수에 있어서도 한국 1명 일본 25명으로 큰 차이가 있다.

마지막으로 한국과 일본의 양국 관계를 요약하면, 비록 상대방의 비중이 다소 감소하기는 하였으나 한국 일본 모두 여전히 서로의 주요 무역 파트너이다. 또한 서로를 방문하는 관광객의 수는 코로나19 발생 이전까지 꾸준히 증가하고 있었다. 그러나 그럼에도 불구하고 상대국에 대한 시각은 비우호적인 평가가 우호적인 평가보다 양국 국민 모두에서 높게 나타났으며 한국인의 일본에 대한 인상이 일본인의 한국에 대한 인상보다 훨씬 덜 우호적이었다. 한일 관계의 상황에 대한 최근 인식 역시 두 나라 국민 모두 매우 부정적인 평가를 내렸으며 한국인이 일본인보다 상황을 더욱 부정적으로 판단하였다.

하지만 한일 양국 모두 30세 미만의 젊은 세대는 상대국에 대하여 기존 세대보다 매우 우호적인 인상을 지니고 있는 것으로 드러났다. 이러한 경향은 특히 요즘 일본의 젊은 세대에서 강하게 나타났는데 최근 한일 관계의 심각한 악화에도 불구하고 2021년도의 경우 30세 미만 일본 젊은이들의 60% 이상이 한국에 대하여 친근감을 표명하였다. 이와 더불어 한국 일본 양국 공히 대다수의 시민들이 한일 관계가 자국에 중요하다라는 생각을 가지고 있었다. 이러한 현상은 향후 한일 관계가 점차 개선될 가능성이 있음을 보여준다.

물론 이 책에 수록된 한국과 일본의 자료는 상당히 제한적으로 이들 두 나라의 모든 측면을 체계적이고 심도 있게 보여주기에는 분명 어려움이 있다. 그러나 이러한 한계에도 불구하고 나는 이 책을 통해 한국과 일본의 과거와 현재를 가능한 다양한 분야에 걸쳐 객관적으로 비교하여 보여 주려고 노력하였다. 이 책이 한국과 일본에 대한 오해를 조금이나마 줄이고 양국에 대한 보다 바른 이해를 증진하는데 도움이 되기를 바란다.

자료 출처

한국

교통사고분석시스템(TAAS): http://taas.koroad.or.kr/
동아시아연구원: https://www.eai.or.kr/new/ko/main/
산업통상자원부: http://www.motie.go.kr/www/main.do
서울 열린데이터 광장: https://data.seoul.go.kr/
중앙선거관리위원회: https://www.nec.go.kr/site/lvt/main.do
통계청 국가통계포털(KOSIS): https://kosis.kr/index/index.do
한국관광공사 데이터랩: https://datalab.visitkorea.or.kr/datalab/portal/main/
    getMainForm.do
한국무역협회 K-stat: https://stat.kita.net/newMain.screen
한국수출입은행: https://stats.koreaexim.go.kr/main.do
한국은행 경제통계시스템(ECOS): https://ecos.bok.or.kr/#/
e-나라지표: https://www.index.go.kr/main.do

일본

내각부: https://survey.gov-online.go.jp/index.html
도쿄도: https://www.metro.tokyo.lg.jp/index.html
문부과학성: https://www.mext.go.jp/index.htm
일본무역진흥기구: https://www.jetro.go.jp/
일본정부관광국: https://statistics.jnto.go.jp/
총무성 선거관련 자료: https://www.soumu.go.jp/senkyo/senkyo_s/news/
    sonota/nendaibetu/
총무성 통계국: https://www.stat.go.jp/index.html
nippon.com: https://www.nippon.com/ja/

국제기구

세계은행: https://data.worldbank.org/
세계은행 '세계 거버넌스 지수': http://info.worldbank.org/governance/ wgi/

세계 행복보고서: https://worldhappiness.report/
유네스코: http://data.uis.unesco.org/
유엔 마약 범죄 사무소: https://dataunodc.un.org/
FIFA: https://www.fifa.com/
IMF: https://www.imf.org/en/Data
OECD: https://data.oecd.org/

기타

국경없는 기자회: https://rsf.org/en
국제교육협회: https://opendoorsdata.org/
글로벌 파이어파워: https://www.globalfirepower.com/
다양한 민주주의 연구소: https://v-dem.net/
유에스 뉴스: https://www.usnews.com/
이코노미스트: https://www.economist.com/
전쟁 관련 요인 연구 프로젝트: https://correlatesofwar.org/
케이토 연구소: https://www.cato.org/
타임스 고등교육: https://www.timeshighereducation.com/
포브스: https://www.forbes.com/
폴로티5 프로젝트: https://www.systemicpeace.org/polityproject.html
프리덤 하우스: https://freedomhouse.org/
QS: https://www.topuniversities.com/
Stockholm International Peace Research Institute: https://sipri.org/